Elke Schwarzer

Heimische Pflanzen

für den Garten

100 Blumen, Sträucher und Bäume
für Biene & Co.

Durch Versuch und Irrtum zum Traumgarten

Bibernell-Rose mit Akeleien.

Als ich damals meinen Second-Hand-Reihenhausgarten umgestalten wollte, konnte ich nirgendwo eine Anleitung finden, wie ich einen so winzigen Garten für die Tierwelt möglichst attraktiv mache, ohne ihn völlig zu verschatten. In den Büchern wiederum, in denen es um eine naturgemäße Gartengestaltung ging, las ich von Schlehen und Holundern und ihrem Nutzen für Vögel, aber nichts von den Wurzelausläufern der Schlehen oder davon, dass so ein Feld-Wald-und-Wiesen-Holunder gleich mehrere Kleinstgärten auf einmal in den Schatten stellen kann. Wie man ihn schneidet oder welche weniger raumgreifenden Sorten es gibt, erfuhr ich nicht. Und so habe ich zunächst viel Lehrgeld bezahlt: Die Bibernell-Rose (*Rosa spinosissima*), die mit ihren überschaubaren Ausmaßen so geeignet schien für kleine Beete, unterwandert meinen Garten nun schon ein Jahrzehnt und ich komme nur mit ewigem Jäten gegen ihre kratzbürstigen Ausläufer an. Zur Blütezeit verzeihe ich ihr aber jeden Fehltritt, denn sie sieht mit ihren weißen Blüten grandios zu Akeleien aus.

Dann war da noch der zunächst so unschuldig wirkende Sämling der Vielblütigen Rose (*Rosa multiflora*), auch Büschel-Rose genannt, der innerhalb weniger Jahre zu einem wahren Koloss von Strauch heranwuchs. Die Bienen, die Vögel und ich lieben diese Rose wirklich heiß und innig, trotzdem muss ich sie regelmäßig eisern zurechtstutzen und schaffe jedes Jahr nach der Blüte so viele Zweige aus meinem Garten, dass es zum Betrieb eines mittleren Biomassekraftwerks reichen würde. Immerhin hält sie die Füße still und ist ausläuferfrei. Letztes Jahr hat sogar eine Amsel in dieser Rose erfolgreich gebrütet. Der heimische Hopfen schließlich, den ich völlig ahnungslos an den Gartenzaun setzte, erfreut nun sämtliche Nachbargärten gleich mit und versucht nebenbei, meine Rosen und Stauden zu erwürgen.

Mehr als 15 Jahre Reihenhausgarten liegen nun hinter mir. In diesem Buch habe ich Pflanzvorschläge zusammengetragen, die Ihnen nicht über den Kopf wachsen, aber Bienen, Vögel und andere Nützlinge anlocken und Ihnen einzigartige Naturerlebnisse bieten. Denn auch ein ganz kleiner Garten muss nicht langweilig sein.

Elke Schwarzer

Das steckt in diesem Buch

Gartengestaltung mit heimischen Pflanzen

Pflanzen aus fernen Ländern sind in unseren Gärten allgegenwärtig. Doch auch heimische Arten müssen sich nicht hinter ihnen verstecken. Sie punkten mit ihrer Anspruchslosigkeit und locken nützliche Gartentiere an.

Warum heimische Pflanzen?

Mit einer Prise exotischer Pflanzenarten können Sie der Tierwelt durchaus etwas bieten, sei es Futter oder Nistplatz. Mit einer guten Portion heimischer Pflanzen wird der Garten dann zum wahren Lieblingsplatz für Vögel und Insekten.

Mit Heimvorteil

Hummeln mögen Rhododendronblüten, Grünlinge brüten in der Thujahecke und die Amseln haben gelernt, dass man die Früchte des chinesischen Taschentuchbaums (*Davidia involucrata*) als winterliche Konserve betrachten kann. Doch während Exoten oft nur in einer Disziplin gut sind, sind viele heimische Pflanzen wahre Alleskönner: Sie bieten Blüten für Insekten, einen sicheren Brutplatz für Vögel und im Herbst viele Früchte. Fruchtfressende Vogelarten wissen genau, welche Beeren lohnend sind – bei einem exotischen Angebot dauert es mitunter länger, bis sich Kundschaft einfindet, und dann sind es oft nur wenige Arten. Auch die inneren Werte zählen: Schmetterlingsraupen sind wählerisch und fressen nicht alles, was in den Garten kommt. Sie sind auf ganz spezielle Futterpflanzen angewiesen, an die sie sich über einen langen Zeitraum hinweg angepasst haben. Von den Raupen ernähren sich wiederum viele Singvögel, nachtaktive Falter locken Fledermäuse an.

Mit europäischen Pflanzen lassen sich also viel mehr Tiere beköstigen. Darüber hinaus sind sie sogar besser an unser Klima angepasst und insgesamt robuster: Schädlinge sind für sie ein Heimspiel.

Bloß nicht zu eng sehen

Wir müssen unsere Gärten aber zum Glück nicht streng auf Pflanzen ohne Migrationshintergrund beschränken. Selbst viele der nur an bestimmte Pflanzen angepassten Wildbienenarten sammeln auch an nichtheimischen Vertretern ihrer Lieblingspflanzenfamilie. In meinem Garten ist zum Beispiel die Indigolupine (*Baptisia australis*) aus Nordamerika zu Hause, die einige Spezialisten für Schmetterlingsblütler beköstigt.

Dieses Buch soll Ihnen dabei helfen, schöne europäische Arten für Ihren Garten auszuwählen, die von Hause aus nicht zu groß werden oder aber durch Züchtung handlicher wurden. Es zeigt aber auch einige auswärtige Spezies, die sich durch eine sehr frühe oder sehr späte Blüte hervorgetan haben, besonders üppig blühen oder interessante Gäste anlocken. Falls Sie das Buch gekauft haben, aber ein großes Grundstück Ihr Eigen nennen, umso besser – die Auswahl ist dann noch größer und Sie können sogar die Wildarten statt der kleinbleibenden Zuchtsorten pflanzen. Suchen Sie sich Ihre Favoriten aus!

Gelbhalsmäuse knabbern gern an den unreifen Samenkapseln vom Knotigen Storchschnabel.

Die Standortfrage

Für eine lange, glückliche Beziehung zu den Pflanzen ist der richtige Standort eine gute Basis. Auch die Tiere profitieren davon, wenn wir es den Pflanzen gemütlich machen.

Von der Natur abgeschaut

Die beste Bienenweide nützt nichts, wenn sie am falschen Platz die Blüte verweigert oder in den Hungerstreik tritt. Gerade Stauden, die am Naturstandort von der Sonne verwöhnt werden, schwächeln schnell, wenn sie in den Dunstkreis von großen Gehölzen oder gar Gebäuden gesetzt werden. Lichtscheue Gesellen in der Sonne wiederum sind nur durch ausgiebige Wassergaben bei Laune zu halten, oft verbrennt das Laub dennoch. Halbschatten wird von den meisten Pflanzen aber gut vertragen.

Am besten gedeihen die Gewächse immer dann, wenn die ihnen zugedachte Nische im Garten ihrem Naturstandort möglichst nahe kommt – schauen Sie sich den Lieblingsplatz der häufigeren heimischen Pflanzen einmal in natura an: Beinwell, Blut-Weiderich und Mädesüß finden Sie mit wenigen Ausnahmen zuverlässig in der prallen Sonne und Sie werden sich schnell nasse Füße holen, wenn Sie sie genau anschauen möchten.

Saisonale Wohngemeinschaft: Lerchensporn blüht unter einer Hainbuchenhecke.

Der Schwarze Holunder ist ein ständiger Wegbegleiter und nicht wählerisch – an sonnigen Wegrändern treffen wir ihn genauso wie mitten im Wald. Während der Blütezeit fällt auf, dass er im dichten Buchenwald mit Blüten eher geizig ist. Es scheint, als würde er darauf hoffen, dass in seiner Nachbarschaft endlich ein Baum umfällt und ihn so ins rechte Licht rückt. Da Blüten und Früchte zu seinen bevorzugten Tugenden gehören, ist er im Garten am besten in der Sonne oder im Halbschatten aufgehoben. Im Laubwald treffen Sie mit ein bisschen Glück auf kleine Staudenschätze, die im Frühjahr dankbar sind für das viele Licht, das durch die noch kahlen Baumriesen auf sie herabfällt. Sobald sich im Sommer der Himmel über ihnen verdunkelt, machen sie schleunigst einen Rückzieher und verschwinden spurlos unter der Erde, nicht ohne vorher reichlich Samen produziert zu haben. Dazu gehören Buschwindröschen, Scharbockskraut, Bärlauch sowie Hohler und Gefingerter Lerchensporn.

Vielblütige Weißwurz, Frühlings-Platterbse und das Lungenkraut dagegen sitzen den Sommer einfach aus und kommen dann auch mit Schatten zurecht. Solange Sie all diesen Arten mit Kompost und Falllaub ein humusreiches Bett ganz wie im Wald bereiten und noch ein bisschen Kalk in Form von Eierschalen einarbeiten, blühen sie gern unter Sträuchern, sommergrünen Hecken oder Laubbäumen.

Efeu, Eibe oder Faulbaum sind wahre Joker – sie sind von Sonne bis Schatten mit allem zufrieden. Informieren Sie sich vor der Pflanzung über den Lichtbedarf einer Pflanze und beobachten Sie Ihren Garten im Tages- und Jahresverlauf, um den Lieblingsplatz des Neuzugangs zu finden. Verzichten Sie bei Pflanzen für magere Standorte auf Düngegaben und wählen Sie einen von vornherein nährstoffarmen Platz, an dem sowieso keine Prachtstauden wachsen wollen. Beachten Sie auch den Platzbedarf von Gehölzen. Schneiden Sie bei Sträuchern zur Verschlankung und Förderung von Blüten ältere Triebe bodennah heraus, anstatt die Spitzen zu kappen.

Offen für Überraschungen

Grundsätzlich gilt: Halten Sie sich zwar so gut es geht an die Standortvorlieben, aber bleiben Sie experimentierfreudig. Gerade bei versamungsfreudigen Arten werden mitunter Stellen besiedelt, die nicht dem Lehrbuch entsprechen. Auch die Bodenfeuchte entscheidet nicht bei jeder Art über Leben oder Tod: Die Seerose wird zwar nicht auf der Trockenmauer wachsen, aber einige Pflanzen für feuchte Standorte lassen sich auch mit normalem Gartenboden abspeisen, solange wir ihnen lästige Konkurrenz vom Hals halten. Dazu gehören der schon erwähnte Blut-Weiderich und das Mädesüß.

Gärtnern auf allen Ebenen

Selbst Reihenhausgärten bieten Wildbienen und anderen Gartengästen Kost und Logis. Da auch wir uns gern mit möglichst vielen Blüten umgeben, ist allen geholfen durch blühende Pflanzen in allen Ecken und auf allen Ebenen.

Zauberhafte Zwiebelblüher

Blumenzwiebeln passen platzsparend überall zwischen Stauden und blühen, während diese noch schlafen. Im Herbst unter den grünen Teppich gekehrte Bodenschätze lassen den Rasen zu einem Blütenmeer werden. Krokusse eignen sich am besten für eine frühe Blumenwiese. Der zierliche Elfen-Krokus (*Crocus tommasinianus*) bildet durch Versamung schnell große Bestände. Auch die Saat von Schneeglöckchen oder Lerchensporn wird per Ameisenkurier früher oder später im Rasen landen. Alle Arten müssen mit dem Rasenmäher verschont werden, bis ihr Laub vergilbt. Setzen Sie die

Ein Ausflugsziel für Bienen und Hummeln ist dieser Krokusrasen.

Frühblüher daher entweder in Gruppen, die Sie beim Mähen gut umschiffen können, oder überlassen den Pflanzen einen Bereich mit sowieso eher schütterem Rasen komplett, der dann erst im Mai im Ganzen gekürzt wird.

Bodendecker unter Bäumen

Unter Laubbäumen und Hecken geben Hohler sowie Gefingerter Lerchensporn ein kurzes Gastspiel. Hier stören auch Buschwindröschen nicht, die bald einziehen. Das gelbe Scharbockskraut gesellt sich gern dazu und zieht Bienen und Schmetterlinge an. Bei vielen als Unkraut verpönt, ist es doch ein wertvoller Bodendecker, der den Sommer lieber ungesehen im Erdreich verbringt.

Unter die Kategorie Bodenpersonal fällt auch mein Lieblingslückenbüßer, die Wald-Erdbeere. Sie verhindert Wildwuchs unter den Sträuchern, wird dabei selbst nie lästig und spendet sogar Naschobst.

Höhere Beetnachbarn

Sind die Blumenbeete anfangs noch leer, lassen sich Ein- und Zweijährige als Füllpflanzen zwischen die Stauden säen. Stockrosen, Nachtkerzen, Königskerzen und Fingerhut bringen Höhe in die Pflanzung. In den ersten Jahren war mein Garten im Frühling ein blaues Blütenmeer vor lauter Vergissmeinnicht, das sich immer noch selbst durch Aussaat erhält, aber nicht mehr so große freie Flächen vorfindet.

In kleinen Gärten ist auch die Vertikale immer für Blüten gut: Rosenbögen und Spaliere lassen Kletterrosen, Geißblätter, *Clematis* oder Breitblättrige Platterbsen in die Höhe wachsen. Beerenobst wie Stachel- und Johannisbeere gibt es veredelt auf Stämmchen, die sich nicht nur mit Stauden unterpflanzen lassen, sondern auch die Ernte bequemer machen. Mit der Unterlage 'GiSelA 5' passt sogar die sonst besorgniserregend große Süßkirsche lässig auf kleine Flächen.

Lange, schmale Gärten wirken mit Querunterteilungen gleich viel größer. Dies können Hecken, große Stauden oder freiwachsende Sträucher sein. Die Königsdisziplin im Querdenken ist Spalierobst, das nicht nur als Raumteiler, sondern auch als Sichtschutz an der Gartengrenze für Blüten und Früchte sorgt. Wenn Sie sich nicht gern mit dem Schnitt beschäftigen, greifen Sie zu Säulenäpfeln.

Meiner Mini-Süßkirsche liegt eine Buchshecke zu Füßen.

Heimische Pflanzen und der Klimawandel

Birken vertrocknen am Straßenrand, Holunderbeeren werden zu Trockenobst und selbst den heimischen Rot-Buchen geht es schlecht. Sind heimische Pflanzen für den Klimawandel überhaupt gewappnet?

Der Trockenheit trotzen

Unsere Flora ist zwar perfekt an das mitteleuropäische Klima angepasst, doch Hitze und Trockenheit im Sommer, dazu weniger Winterregen mit absackendem Grundwasser führt auch bei eingewachsenen Gehölzen zu Stress. Wildrosen mit Ausnahme der feuchtigkeitsliebenden Zimt-Rose, die etwas mehr leidet, stecken Dürre gut weg, auch Pfaffenhütchen, Gewöhnliche Mehlbeere, Feld-Ahorn, Liguster, Goldregen, Weißdorn oder Obstgehölze kommen bisher noch glimpflich davon. Andere, wie Felsen-Kirsche oder Kreuzdorn, mögen sogar trockene Böden. Wo alle Stricke reißen, eignet sich der eher mediterran verbreitete Französische Ahorn (*Acer monspessulanum*), der in Deutschland zum Beispiel am Mittelrhein heimisch ist.

Der Gewöhnliche Natternkopf (*Echium vulgare*), hier mit Natternkopf-Mauerbiene, ist dürrefest.

Unter den Stauden gibt es genug Auswahl an trockenheitsverträglichen Arten (mehr dazu in der Tabelle auf Seite 136). Während die typischen Waldarten wie das Lungenkraut früher selbst auf eigentlich für ihre Verhältnisse zu trockenen Böden durchhielten, brauchen sie nun eher humose Standorte.

Schneeglöckchen, Bärlauch, Märzenbecher und andere Geophyten sind fein raus, sie sind im Sommer verschwunden. Auch zweijährige Pflanzen, die im Herbst keimen und im Frühjahr blühen, kommen mit einem blauen Auge davon. Knoblauchsrauke oder Barbarakraut sind Beispiele, die die Niederschläge im Herbst ausnutzen, sofort loslegen und vor der großen Trockenheit im Sommer schon für Nachwuchs gesorgt haben. Andere Arten, wie Natternkopf, Wilde Möhre und Königskerze, bilden Pfahlwurzeln, die sie bis in den Sommer standhalten lassen.

Dürre lindern

Auch wenn es so einfach erscheint, die Patienten im Garten am Leben zu halten: Künstliche Bewässerung ist nur mit Dachflächenwasser, das sonst in der Kanalisation landen würde, nachhaltig. Mulch unter Gehölzen und auf Böden, die nährstoffliebende Pflanzen beherbergen, hält die Feuchtigkeit im Boden und baut Humus auf. Am besten erzeugt man den Mulch selbst aus Astschnitt und Falllaub. Durch das Ausbringen von Kompost erhöht sich die Wasserspeicherfähigkeit des Bodens.

Ein Verzicht auf Mineraldünger ist wichtig, denn er schädigt das Bodenleben, vor allem die Mykorrhiza, diese fantastische Symbiose der Pflanzenwurzeln mit Pilzen, wodurch sie neue Wasserreservoirs erschließen. Wo sie fehlt, kann man mit Mykorrhiza-Produkten nachhelfen – die Pflanzen haben so weniger Trockenstress.

Diese Sommerwiese mit Wilder Möhre, Wiesen-Flockenblume, Schafgarbe und Taubenkropf-Leimkraut blüht auch bei Regenmangel immer weiter.

Bienen aus der Dose: Insektenhotel

Viele Wildbienen legen ihre Nester in hohlen Pflanzenstängeln oder Bohrlöchern in Holz an. Besonders die selbst in Großstadtgärten häufigen Mauerbienen finden sich gern zu großen Wohngemeinschaften zusammen.

Das „Hotel zur Gießkanne" ist bezugsfertig.

Mit einer Nisthilfe können Sie Mauerbienen (*Osmia bicornis* und *O. cornuta*) auf Balkon und Terrasse aus nächster Nähe beobachten – die durchweg friedlichen Tiere liefern zwar keinen Honig, aber spannende Einblicke in den Wildbienenalltag, außerdem steigern sie ganz professionell den Ertrag von Obstbäumen. Im kleinen Garten müssen Sie noch nicht einmal viel Platz opfern für eine eigene

Bestäuberkolonne. Fast überall lässt sich eine Schuppen- oder Hauswand finden. Ich habe die hölzernen Sichtschutzelemente, deren Hauptlebensraum Reihenhausgärten sind, ganz platzsparend mit Nisthilfen behängt. Der Standort sollte möglichst sonnig sein. Doch etwas mehr Schatten ist auch kein Hinderungsgrund, wie ich damals auf meinem Balkon feststellte, der nur im Sommer für ein paar Stunden die Abendsonne sah, aber dennoch unerschrockene Mauerbienen beherbergte.

Bauanleitung

Für ein selbst gebautes Insektenhotel benötigen Sie nur eine wetterfeste Hülle, eine Schere oder Säge und hohle Pflanzenstängel mit verschiedenen Durchmessern. Für mein „Hotel zur Gießkanne“ wurde eine undichte Metallgießkanne zweckentfremdet. Praktischerweise hat das Gerät einen Griff, an dem man es waagerecht aufhängen kann. Als Füllung habe ich im Frühjahr im Park alte, hohle Stängel vom invasiven Flügelknöterich

gesammelt. Nach dem Winter sind sie gut durchgetrocknet. Sie lassen sich mit einer Schere leicht auf die gewünschte Länge bringen, sind aber nicht so haltbar wie Bambusröhren, für die man eine Säge braucht. Kappen Sie die Stangen

Mit der Schere werden die Halme auf die passende Länge gebracht.

immer unterhalb eines Internodiums – das sind die Verdickungen im Stängel. Dieser Teil kommt in der Nisthilfe nach innen, da die Bienen gern eine hinten geschlossene Röhre bewohnen. Schneiden Sie alle Stängel auf die gleiche Länge bündig zum Rand des Gefäßes. Stecken Sie möglichst viele dünnere Bambushalme in die verbliebenen Lücken. So werden auch kleinere Bienenarten angelockt und die Stängel bekommen mehr Halt, damit sie von Meisen mit Forscherdrang nicht so leicht herausgezogen werden können.

Die Hotelanlage muss im Winter unbedingt draußen bleiben. Im nächsten Jahr reinigen die Tiere die Röhren selbst und beziehen sie erneut. Die wachsende Kolonie ist dennoch stets dankbar für neue Angebote – lassen Sie Ihrer Kreativität freien Lauf!

Vogelvilla selbst gemacht

Mit einem Nistkasten im Garten lassen sich die frechen Meisen und Sperlinge aus nächster Nähe beobachten. Nebenbei werden auch noch Frostspanner und Blattläuse aus den Pflanzen schnabuliert.

Der dekorative Hahnenkamm-Firstziegel lässt sich im historischen Baustoffhandel aufspüren. Auch im Englandurlaub werden Sie fündig.

Material:

- *1 Firstziegel*
- *Holz (Fichte oder Kiefer, Sperrholz und Spanplatten sind ungeeignet) 18 mm stark, etwa 1 x 1 m*
- *Rostfreie Schrauben, 3,5 x 40 mm*
- *(Millimeter-)Papier*
- *Evtl. Schleifpapier, Geodreieck, Bleistift, Schere*
- *Stich- oder Tischkreissäge*
- *Bohrmaschine, Akkuschrauber*
- *Lochsägeaufsatz, je nach gewünschter Vogelart 27 mm (Blaumeise) oder 33 mm (Kohlmeise, Sperling, Kleiber)*

Bauanleitung

Der Firstziegel ist hier das Maß aller Dinge – der Nistkasten wird um ihn herum entworfen. Fertigen Sie sich am besten eine Schablone an. Wichtig ist der Winkel an der Giebelspitze. Messen Sie diesen mit dem Geodreieck aus und übertragen Sie ihn auf Papier.

Messen Sie nun die Breite der Ziegel-Innenseiten und zeichnen Sie die Verlängerungen des Winkels ein. Ziehen Sie hierbei 3 cm ab, denn das Dach soll ja überstehen. Zeichnen Sie von den Endpunkten der Schrägen jeweils eine senkrechte Linie nach unten, die Länge beträgt 24 cm. Diese Linien wiederum unten verbinden, fertig ist die Schablone für Front und Rückseite.

Die Höhe der Seitenteile beträgt ebenfalls 24 cm, die Breite ist abhängig von der Länge des Ziegels. Ziehen Sie hiervon 6 cm ab (je 3 cm Dachüberstand vorne und hinten) und dann noch 3,6 cm für die Dicke der Vorder- und Rückwand (je 18 mm Brettstärke).

Da der Boden bündig mit allen Seitenwänden abschließen soll, müssen Sie von der Breite der Vorder- und Rückwand jeweils die doppelte Brettstärke, also 3,6 cm, abziehen.

Schablonen ausschneiden, aufs Holz übertragen – den Boden 1 x, Seiten- und Giebelteile jeweils 2 x – und aussägen. Bohren Sie in eine Giebelseite mit dem Lochsägeaufsatz das Einflugloch, in das Bodenteil einige kleine Ablauflöcher.

Schrauben Sie das Haus zusammen: Die Seitenwände neben, die Vorder- und Rückwand vor bzw. hinter den Boden und die Seitenwände schrauben. Die Löcher vorbohren.

Der Firstziegel liegt nur lose auf, das Haus steht daher auf eigenen Füßen und wird auf einen stabilen Holzpfahl geschraubt. Der Deckel lässt sich zum Entfernen des alten Nistmaterials abnehmen. Sichern Sie den Pfahl am besten mit einer Metallmanschette gegen Katzen.

Der Hahnenkamm-Nistkasten im Einsatz.

Miniteich: feucht-fröhliches Schmuckstück

Nicht nur die Pflanzen brauchen Wasser – auch die Gartentiere sind dankbar für eine Minibar zum Trinken, Baden oder um kurz mal abzutauchen.

Wo ein ausgewachsener Teich den Rahmen sprengen würde, sind Holzbottiche oder Zinkwannen eine platzsparende Alternative. Ausgediente, halbierte Weinfässer eignen sich sehr gut, denn sie halten von Natur aus dicht. Die Latten quellen bei Wasserkontakt immer wieder zusammen. Bottiche ohne alkoholische Vergangenheit sind leider oft zu rein dekorativen Zwecken gebaut worden und lecken rasch. Dem können Sie mit einem Innenleben aus Teichfolie entgegenwirken, die Sie am oberen Rand antackern. Das schützt das Holz auch vor strengen Frösten.

Der Teich im Winter

Weinfässern und Zinkwannen dagegen schlagen Minusgrade gern den Boden aus und der Teich läuft trocken. Ist so ein Malheur passiert, entnehmen Sie die Pflanzen und lassen Sie den Behälter gut in der Frühlingssonne durchtrocknen. Anschließend können Sie die Risse mit Dach-Dichtstoff abkleben. Natürlich lassen sich die Behälter auch im Herbst entleeren und trocken überwintern, allerdings werden so noch darin befindliche Insekten und Wasserflöhe mit dem Bade ausgeschüttet – füllen Sie also möglichst viel Teichwasser in die Überwinterungsbehälter der Pflanzen um. Mein Weinfass darf seinen Inhalt über den Winter behalten und jedes Jahr entsteigen ihm hübsche Sumpf-Schwebfliegen, deren Larven unter Wasser leben – sogar dann, wenn das Fass nach zweistelligen Minusgraden leergelaufen war.

Der Miniteich sollte einen sonnigen, mindestens jedoch halbschattigen Platz bekommen. Als Bepflanzung eignen sich heimische winterharte Stauden der Flachwasserzone, beispielsweise Schwanenblume (*Butomus umbellatus*), Zwerg-Rohrkolben (*Typha minima*), Tannenwedel (*Hippuris vulgaris*) oder Pfeilkraut (*Sagittaria*).

Mein Teich bepflanzt mit Braun-Segge (*Carex nigra* subsp. *nigra*) – ohne Folie konnte er das Wasser nicht halten.

Tipps für Tiere

Damit Vögel nach Herzenslust baden können, bauen Sie ihnen eine Insel ein, etwa aus einem umgedrehten Ton-Blumentopf, der knapp unter die Wasseroberfläche reicht. Gern setzen sie sich auch auf die Erde der Pflanzkörbe.

Um die Wellnessoase abzurunden, sorgen Sie stets für einen hohen Wasserpegel, sodass Vögel vom Beckenrand aus trinken können. Auch Insekten wie Feldwespen und Honigbienen setzen sich bei Hitze an den Kübelrand oder auf die Pflanzen, um Kühlmittel zu tanken. Pflanzen Sie noch eine Staude neben den Miniteich, die den oberen Rand des Behälters mit ihren Blättern erreicht, damit Molche hineinklettern können für ein Vollbad zwischendurch.

Die Pflanzen stehen in Gitterkörben – für Singvögel eine perfekte Plattform zum Baden.

Nischenthema: Das wilde Eck für Igel und Co.

Stilsicherer Steinhaufen in der Sonne umrahmt von Gewöhnlichem Sonnenhut (*Rudbeckia fulgida*).

Komischerweise gibt es selbst im kleinsten Garten eine schwer bepflanzbare Ecke, meist an einem Grundstücksende gelegen. Warum also nicht aus der Not eine Tugend machen und diesen toten Winkel den Tieren anbieten? Im Schatten lässt sich zum Beispiel der Strauchschnitt in Form eines Asthaufens aufschichten und mit Falllaub als Regendach garnieren. Das lästige Häckseln entfällt und die Zweige können sich als Igelburg nützlich machen. Auch Zaunkönige, Wiesel und Kröten lieben solche Verstecke. Pilze zersetzen die unteren Äste zu Humus, sodass der Haufen nicht in den Himmel wächst und Sie stets neues Schnittgut auflegen können.

Vielleicht haben Sie noch einen alten Weidenkorb übrig, der ruhig schon etwas ramponiert sein darf? Umgedreht und mit trockenem Laub gefüllt wird er zum Fertighaus für Igel. Schneiden Sie eine Öffnung in den Korbrand, falls er sonst rund herum geschlossen wäre. Auch eine alte, aus Weidenholz geflochtene Katzenhöhle findet noch ihre ökologische Nische – hier ist der Eingang praktischerweise schon vorhanden. Damit die Igelwohnung unverrückbar wird, können Sie den Korb mit ausrangierten Heringen vom letzten Campingurlaub dingfest machen. Der Strauchschnitt wird schließlich oben aufgelegt.

In der Sonne

Schön sind auch kleine Weidentipis, selbst gemacht aus lebenden Ästen von Kopfweiden, die beim Frühjahrsschnitt anfallen. Sie werden schräg in den Boden gesteckt und oben zusammengebunden. So erhält das Igelhaus ein grünes Blätterdach. Unter der Spitze ist ein Geheimplatz für eine Zaunkönig-Nistkugel.

Bekommt die wilde Ecke wenigstens einen halben Tag Sonne ab, können Sie auch ein wenig dicker auftragen und Totholz anbieten. Gut eignen sich Teile des Stamms von Obstbäumen, Buchen, Eichen, Ahorn oder Eschen. Ob liegend oder stehend – sie ziehen holzbewohnende Käfer und Wildbienen an, die sich entweder selbst Gänge bohren, wie Blattschneider- und Holzbienen, oder aber die alten Käferfraßgänge beziehen.

Bei noch mehr Sonne ist ein Steinhaufen ideal, den Sie zum Beispiel kunstvoll zu einer Pyramide aufschichten oder mit nur wenigen Steinen zwischen niedrigen Stauden oder unter Wildrosen arrangieren können. Hier fühlen sich Eidechsen wohl, aber auch viele kleine Tiere, die sich an den Steinen aufwärmen oder in den Zwischenräumen Nester bauen, wie Feld- oder Lehmwespen.

Entscheiden Sie einfach anhand des verfügbaren Materials und der Lichtbedingungen, welche wilde Ecke Sie bauen – ein Platz für Tiere wird es in jedem Fall.

Nachgeholfen: Totholz mit vorgebohrten Löchern in Schmetterlingsform als Bienenhotel.

Ein Sandkasten für Insekten

Ein Bienenhotel ist ein toller Ort zum Beobachten vieler spannender Insekten. Für andere muss man sich schon bücken, denn die Mehrheit der Wildbienen und auch einige solitäre Wespen legen ihre Nester im Boden an. Ihnen hilft ein Sandarium.

Wenn die Kinder zu alt geworden sind für den Sandkasten, buddeln vielleicht schon längst andere darin. Und selbst wenn noch keine Sand- oder Seidenbienen eingezogen sind, lässt sich dieses perfekte Insektenhabitat in den Garten integrieren – gern etwas aufgehübscht: Am Rand können niedrige Pflanzen wachsen, die mit dem kargen Boden zurechtkommen, wie zum Beispiel Reiherschnabel (*Erodium cicutarium*) oder Silber-Fingerkraut (*Potentilla argentea*). Hinten sieht der Gewöhnliche Natternkopf (*Echium vulgare*) fantastisch aus und lockt die Natternkopf-Mauerbiene in den Sandkasten. In der Mitte werden ein paar schöne Kieselsteine ausgelegt, denn viele Wildbienen nutzen diese gern als Ruheplatz, außerdem bleibt der Sand darunter feucht und die Nistgänge dadurch stabiler. Ein überstehender Rand ist auch prima, darunter ist das Substrat stets trocken und es können sich Ameisenlöwen ansiedeln, um ihre raffinierten Fangtrichter zu bauen.

Es muss aber gar kein ganzer Sandkasten sein, auch ein kleiner Bereich im Garten, der etwa 30 cm tief mit Sand angefüllt wird, ist schon ein wertvoller Beitrag. Vielleicht haben die Nachbarn

Sandarium mit Reiherschnabel.

Der Bienenwolf (*Philanthus triangulum*), eine Grabwespe, die Honigbienen fängt, am Nesteingang.

alten Spielsand der Kinder übrig? Neuer Spielsand ist zu fein, er würde nach Art der Sanduhr immer wieder über der buddelnden Biene zusammenfallen. Bausand ist die bessere Wahl, wenn kein gebrauchter Spielsand aufzutreiben ist. Auch auf dem Balkon kann man einen großen Topf oder eine Kiste mit Sand aufstellen.

Lebendige Pflasterfugen

Auch in den Fugen der Gartenwege lassen sich grabende Wildbienen aufspüren, erkennbar an einem kleinen gugelhupfartigen Häufchen. Damit das auch klappt, sind in Sand verlegte Steine wichtig. Besonders direkt an der Hauswand gräbt der Bienenwolf in sandigen Fugen. Er siedelt sich als echter Stadtbewohner sogar am Fuße von Mehrfamilienhäusern an viel befahrenen Straßen an, Hauptsache, seine Beute, die Honigbiene, ist in der Nähe. Die Bienen werden mit einem Stich gelähmt und in der unterirdischen Niströhre deponiert, die Bienenwolflarven ernähren sich von ihnen. Einem Honigbienenvolk kann dies aber nicht gefährlich werden. Wenn Sie im Garten oder auch auf dem Balkon die Lieblingsblumen der Bienenwölfe pflanzen, können Sie den Blütenbesuch und die Jagd gut beobachten. Besonders gern mag er Minze, Sterndolde (*Astrantia major*) und Mannstreu-Arten (*Eryngium*).

Totholz: Für jeden was dabei

Seitdem eine große Burgerkette ihre Filialen mit Birkenstämmen ausstattet, ist Totholz salonfähig geworden. Viel besser ist es natürlich im Garten aufgehoben, denn an der frischen Luft haben die Tiere mehr davon als im Restaurant.

Das Rotkehlchen nutzt den Birkenstamm gern als Ausguck.

Birkenstämme sind die Stars und unter allen Holzarten die dekorativsten. Mit ihrer hellen Rinde können sie dunkle Gartenecken aufhellen und werden auch Totholzskeptiker schnell überzeugen. Auch andere Laubholzarten sind geeignet. Holzbienen sind in der Lage, auch in trockenes, festes Holz zu nagen und dort ihre Niströhren anzulegen. Für sie ist es daher kein Problem, wenn Sie die Stämme trocken anbieten, zum Beispiel auf dem überdachten Balkon.

Andere, wie die Wald-Pelzbiene (*Anthophora furcata*), mögen es morscher. Die Garten-Blattschneiderbiene (*Megachile willughbiella*) nimmt das Holz an, wenn Pilze es mürbe gemacht haben und es eher eine Konsistenz wie Blumenerde hat. Dann wühlt sie sich hinein und baut dort ihre Nester. Für diese Arten ist es daher wichtig, dass die Stämme nass werden dürfen. Auf dem Balkon kann man sie zum Beispiel waagerecht neben einem Blumenkasten ans Geländer binden oder auf große Kübel legen. Je morscher das Holz wird, umso mehr Feuchtigkeit nimmt es auf, die es bei Trockenheit an die Pflanzen wieder abgibt – eine natürliche Klimaanlage ist entstanden. Mit ein bisschen Glück besiedeln dekorative Pilze die Stämme, wie die Schmetterlingstramete, deren gestreifte Fruchtkörper es durchaus mit Blumen aufnehmen können.

Im Käferkeller

Auch hartes Holz wird mit der Zeit nicht nur von Pilzen, sondern auch von totholzbewohnenden Käfern besiedelt. Wenn die erwachsenen Tiere schlüpfen, bohren sie sich waagerecht verlaufende Gänge nach draußen. Diese Röhren sind perfekt für Wildbienen, die in vorhandenen Hohlräumen nisten. So sparen wir uns außerdem den Bohrer. Die Käfer sind echte Profis und damit in der Lage, saubere Gänge ohne Splitter zu fräsen, besser als jede Bohrmaschine, was den Bienen mit ihren empfindlichen Flügeln gut gefällt.

Noch mehr Käfer ziehen Sie an, wenn Sie die Stämme zu einem Drittel eingraben, sodass der Großteil senkrecht aus dem Boden ragt. Ein richtig komfortabler Käferkeller entsteht, indem man ein Loch gräbt, ein paar Stämme hineinstellt und die Zwischenräume mit kleineren Ästen füllt. Geschreddertes Schnittgut, mit Laub vermischt, füllt zum Schluss die letzten Lücken auf. Als Rand des Kellers können waagerechte dicke Stämme dienen.

Hier rahmt Birken-Totholz gekonnt und bildhübsch eine Blumenwiese ein.

Beeren und Brutplatz: Vogelhecke

Singvögel im Garten sind über jeden Zweifel erhaben. Im Gegensatz zu so manchem knopfäugigen Pelztier schaden sie den Pflanzen nicht und singen auch noch gut. Wie lockt man sie am besten an?

Mit den Pflanzen in diesem Buch machen Sie schon viel richtig, denn heimische Arten bieten den Gartenvögeln Raupen. Spart man sich dann noch die Pestizide, futtern Zilpzalp, Mönchsgrasmücke, Blau- und Kohlmeise die Blattläuse von den Triebspitzen. Drosseln und andere Vögel lieben Beeren, Hagebutten oder Äpfel. Eine freiwachsende Hecke aus Wildapfel, Holunder, Faulbaum, Felsen-

Der kugelförmig geschnittene Ilex bietet Beeren und einen bewaffneten Brutplatz.

birne, Hunds-Rose oder Weißdorn bietet für eine Vielzahl von Vögeln leckere Früchte und Schmetterlingsraupen für die Insektenfresser.

Bei richtig viel Platz setzen Sie die Sträucher versetzt in zwei Reihen, die kleinen nach vorn, so entwickeln sie sich gut und mehr Pflanzen passen in die Hecke. Geschnitten werden muss diese Heckenform nicht unbedingt, allenfalls werden ältere, blühfaule Äste ausgelichtet. Stabile Sträucher können Nistkästen tragen für die Höhlenbrüter wie Meise, Gartenrotschwanz, Trauerschnäpper oder Star. Mit einem sonnigen Saum aus samentragenden Stauden wie Flockenblume, Nickender Distel, Wilder Karde oder Herzgespann finden sich auch Stieglitze, Spatzen und andere Samenfresser ein, die die Saat aus den Fruchtständen picken. Droht Gefahr, ist die rettende Hecke nicht weit. Und damit der Schutz vor Verfolgern oder Nesträubern auch besonders wirkungsvoll wird, sind Sträucher mit Dornen oder Stacheln wichtig, wie Wildrosen, Berberitze oder Weißdorn. Zwischen den Sträuchern können Wald-Erdbeeren umherkriechen, die noch mehr Früchte für die Amseln bieten.

Formschnitt für Vögel

In kleinen Gärten sprengt eine freiwachsende Hecke schnell den Rahmen. Möchte man nicht nur einen schmalen Streifen für Stauden und den Liegestuhl übrig behalten, ist eine Formschnitthecke besser. Als Brutplatz ist sie ideal, da sich durch den strengen Schnitt viele Verästelungen bilden, auf denen sich Vogelnester stabil bauen lassen. Noch besser sind dornige Sträucher, hier ist der Weißdorn der Klassiker.

Die Schere beraubt die Sträucher schnell ihrer Blüten, so fehlt erst den Bienen und später den Vögeln die Nahrung. Es gibt allerdings sehr leidensfähige Gehölze, die auch nach unseren radikalen Schnittaktivitäten noch ihre Fortpflanzung im Auge haben und trotz allem Unglück blühen. Dazu gehören Liguster, Kornelkirsche, Weißdorn, *Ilex*, Pfaffenhütchen oder verschiedene Zieräpfel. Andere Heckenvarianten, die im Formschnitt meist nicht blühen, aber immerhin Raupen und Brutplätze anbieten, sind Hainbuche, Rot-Buche oder Feld-Ahorn.

Eine Kornelkirschenhecke blüht und fruchtet auch bei starkem Schnitt.

Kleinstgewässer: Schwebfliegenlagune und Insektentränke

In heißen, trockenen Sommern werden Pfützen und andere nasse Stellen zum Luxusgut. Viele kleine Tiere sind auf solche Oasen angewiesen. Diese Beispiele passen überall hin und können sogar auf dem Balkon aufgestellt werden.

Der Kresseigel wird zur ungefährlichen Insektentränke.

Unter den Bienen sind es vor allem Honigbienen, die Teiche und kleinere Wasserstellen aufsuchen, um Wasser zu tanken. Man kann richtig dabei zusehen, wie ihr Hinterleib anschwillt, bis sie schwer beladen mit dem aufgesaugten Wasser nach Hause fliegen. Dort kühlen sie damit den Stock. Besonders häufig kommen auch Feldwespen, die mit ihren langen, herabhängenden Beinen auffallen und selbst am Nest absolut friedlich sind. Sie merken sich eine einmal entdeckte Tankstelle sehr gut. Damit man aber nicht ständig daneben stehen muss, um als Bademeister zu arbeiten, ist es sinnvoll, eine Tränke so einzurichten, dass die Tiere nicht darin ertrinken können. Dann muss man nur noch den Poolboy spielen und ab und zu für sauberes, neues Wasser sorgen. Eine gute Insektentränke ist daher flach. Eine Untertasse eignet sich gut, tiefere Gefäße werden mit reichlich Landeplätzen entschärft, zum Beispiel kann man Moos ins Wasser legen, Steinchen, schwimmende Laubblätter oder dünne Äste – mit ein bisschen Entengrütze aus einem Teich wird daraus sogar ein echtes Schmuckstück, das den grünen Daumen fordert. Mein Lieblingsmodell ist ein alter Kresseigel aus Ton, bei dem schon die Nase abgeplatzt ist, was aber keine Bedingung ist. Er ist wasserdicht und dabei so flach, dass es nur noch ein paar Steine braucht. Meistens trinken die Tiere aber ganz manierlich vom Beckenrand.

Die Schwebfliegenlagune, entstanden aus einem tönernen Übertopf.

Nasse Nisthilfe für Schwebfliegen

Viele Schwebfliegenlarven fressen Blattläuse, doch andere haben aquatische Larven, die in nicht ganz sauberem Wasser leben. Die häufigsten dieser Arten sind die Mistbiene und die Totenkopfschwebfliege, beides auffällige Tiere. Ihre typischen Rattenschwanzlarven haben einen langen Schnorchel am Hinterleib, mit dem sie an der Wasseroberfläche Luft holen. Sie brauchen schlammiges Wasser, in dem Pflanzenmaterial vermodert. Füllen Sie einfach einen Behälter mit einem Liter Regenwasser und geben Sie reichlich Grasschnitt und ein paar Stöcke zum Hinausklettern hinein, sehr attraktiv wirkt auch Beinwelljauche statt Wasser. Eine dicke Lage Laub auf der Wasseroberfläche erleichtert die Eiablage der Schwebfliegen, hält aber Mücken fern. Wer hier sonst noch lebt? Bärtierchen, Rädertierchen, Wimpertierchen und räuberische Nematoden.

Die erwachsenen Totenkopfschwebfliegen sind eifrige Blütenbesucher.

Stauden – Saisonarbeiter im Beet

Damit der Garten so richtig brummt, sind Stauden unverzichtbar. Sie sind die Stehaufmännchen im Pflanzenreich, die sich den Winter über vom Acker machen und im Frühling aus den Wurzeln wieder frische neue Blätter und Blüten treiben.

Akelei

Aquilegia vulgaris, Aquilegia atrata

Akeleien sind die Joker im Beet – kurzlebig, aber durch Aussaat beständig, tauchen sie immer gerade dort auf, wo ihr Typ gefragt ist. Die Blüten tanzen im Wonnemonat über kleineren Pflanzen und säen sich sogar in Pflasterfugen aus. Die samtig violette *Aquilegia atrata* ist eine ganz edle Erscheinung, die zusammen mit der wüchsigen *A. vulgaris* abwechslungsreiche Beete zaubert. Sorten der Akelei kreuzen sich munter miteinander, sodass laufend neue Farben auftauchen: Neben reinem Blau und Lila werden gern fast weiße Blüten gebildet. In jeder Farbe schätzen Hummeln die Staude als guten Pollen- und Nektarspender. Die Sporne an der Oberseite der Blüte werden von kurzrüsseligen Hummeln aufgebissen, um an den Nektar zu gelangen, wodurch sie den Zugang netterweise auch sehr kleinen Wildbienen erleichtern.

Mein Tipp: Bei mir schaffen es Akeleisämlinge irgendwie immer in sämtliche Blumentöpfe. Hier sind sie auf Dauer nicht glücklich und werden dort bevorzugt von Blattwespenraupen zerfressen. Die Kübel-Kinderstube nutze ich daher lieber zum Schließen von Lücken in den Beeten.

Steckbrief

- *Höhe 50–60 cm, Breite 30 cm*
- *blaue, rosafarbene, weiße oder lila Blüten von Mai bis Juni*
- *mag Sonne oder Halbschatten*
- *für nicht zu trockene, nährstoffreiche Böden*
- *A. vulgaris verträgt Trockenheit besser*
- *Verblühtes nicht vor der Samenreife abschneiden, wenn Selbstaussaat erwünscht ist*
- *wird von Schnecken gemieden*

Echter Beinwell

Symphytum officinale

Alles wird gut mit Beinwell im Garten: Er ist nicht nur eine exzellente Bienenweide, sondern auch eine gute Heilpflanze. Die Staude liebt feuchten Boden, ist aber flexibel und wächst sogar im Blumenbeet. Neben Pflanzen mit violetten Blüten treten in der Natur häufig weiße Exemplare auf, die besonders edel wirken. Die sich wochenlang dekorativ entrollenden Blüten sind typische Hummelblumen. Da die Kronröhre sehr lang ist, müssen kurzrüsselige Hummeln oder Wildbienen ein Loch in den Schaft beißen, um an den Nektar zu gelangen. Langrüsselige Hummeln und Pelzbienen kommen dagegen mühelos bis zum Blütengrund.

Mein Tipp: Auch dem Garten tut Beinwell gut: Seine großen, rauen Blätter enthalten viel Kalium und Stickstoff. Sie können sie entweder als Flüssigdünger zu einer Jauche verarbeiten oder klein geschnitten direkt als Mulch auf die Beete geben.

Sorten:

- 'Moulin Rouge': Leuchtend pinkfarbene Blüten, schwächerer Wuchs.
- 'Rubrum': Rötliche Blüten.

Steckbrief

- *Höhe 30–100 cm, Breite 50 cm*
- *violette, rosafarbene oder weiße Blüte von Mai bis Juli, oft sogar bis September*
- *für einen sonnigen oder halbschattigen Standort*
- *liebt einen nähstoffreichen, gern auch feuchten Boden*
- *ein Rückschnitt nach der Blüte lässt die Pflanze wieder kompakt werden*

Bergminze

Clinopodium nepeta

Wo es anderen Stauden zu trocken ist, trumpft die Bergminze auf und blüht unermüdlich, sehr zur Freude von Hummeln, Bienen und Schwebfliegen. Sogar das Laub dient manchen Schmetterlingen als Nahrung. Gern wächst sie an steinigen Plätzen, an Mauern oder im Kiesbeet. Ihre zartfarbigen Blütenwolken lassen harte Konturen verschwimmen und verdecken wirkungsvoll den oft kahlen Fuß von Rosen. Der aromatisch-herbe Duft der Pflanze lädt zum Genießen ein – viel mehr muss man auch nicht tun bei dieser anspruchslosen, wenig durstigen Art.

Steckbrief

- *30–80 cm hoch und 20–30 cm breit*
- *weiße Blüten von Juni bis September, oft bis Oktober*
- *Duftpflanze*
- *für Sonne oder Halbschatten*
- *liebt einen trockenen Boden, der gerne steinig sein darf*
- *reichliche Selbstaussaat*
- *nicht schneckengefährdet*

Mein Tipp: Die Staude sät sich stark aus. Dem können Sie mit rechtzeitigem Rückschnitt begegnen oder eine sterile Sorte wählen. Meiner Erfahrung nach lässt sich die Bergminze aber von höheren, großblättrigen Stauden schnell unterbuttern, weshalb die Sämlinge im Blumenbeet meist nicht stören.

Sorten:

- 'Blue Cloud': Bläulicher Gesamteindruck, wüchsig.
- 'Lila Riese': Blauviolette Blüten, standfest.
- 'Triumphator': Sterile Sorte ohne Samenbildung, daher besonders ausdauernd in der Blüte.
- 'Weißer Riese': Weiße Blüten, reichblühend und vital.

Zweiblättriger Blaustern

Scilla bifolia

Blaustern bleibt Blaustern? Wenn es heimisch sein soll, ist der Zweiblättrige die erste Wahl – auch was die Blütezeit angeht, denn er blüht schon zusammen mit den Schneeglöckchen und damit als erste heimische Pflanze des Jahres in leuchtendem Blau. Praktischerweise schauen seine Blüten nicht wie beim Sibirischen Blaustern nach unten, sondern wenden sich wenig scheu dem Betrachter zu. Die Art erreicht in Deutschland ihre nördlichste Verbreitung, die meisten Vorkommen gibt es südlich der Alpen. Schwebfliegen und Wildbienen sind an ihm zu finden, vor allem die ersten Sandbienen, hier allen voran die wenig wählerischen Männchen. Die kleinen Zwiebelblumen samen sich bereitwillig selbst aus und sind eine passende Unterpflanzung von sommergrünen Gehölzen, wo Falllaub liegen bleiben darf. Ameisen verbreiten die Samen und so werden neue Plätze im Garten erobert.

Mein Tipp: Geeignete Pflanzpartner sind Schneeglöckchen und Märzenbecher, in der Sonne auch Krokusse. Achten Sie beim Kauf auf Blumenzwiebeln aus gärtnerischer Vermehrung.

Sorten:

- 'Alba': Weiße Blüten.
- 'Carnea': Blüht hellrosa.

Steckbrief

- *bis 10 cm hoch*
- *blaue Blüten, die alle in eine Richtung schauen, ab März*
- *mag Sonne bis Schatten*
- *liebt einen humosen, nicht allzu trockenen Boden*
- *die beste Pflanzzeit der Zwiebeln ist September bis November*
- *verblühte Triebe stehen lassen, damit sie sich versamen*
- *wächst gern unter Sträuchern und Laubbäumen, auch in extensiv gepflegten Rasenflächen*

Gewöhnlicher Dost

Origanum vulgare

Er ist Everybody's Darling: Ob Schmetterling, Hummel, Käfer, Schwebfliege oder Biene – der Dost ist zur Blütezeit ein ganz gefragter Gartenbewohner. Als Raupenfutterpflanze mundet er einigen Arten – im Garten wird man am ehesten den winzigen, aber ausgesprochen hübschen Gold-Zünsler (*Pyrausta aurata*) antreffen. Die Blütezeit ist erfreulich lang – während sich immer neue rosafarbene oder weiße Blüten öffnen, sorgen die violett gefärbten Kelchblätter für ein kleines Farbspektakel. Im Garten zeigt er sich unkompliziert: Ob Sonne oder lichter Schatten, ob normaler oder magerer, eher trockener Boden – diese Staude ist mit allem zufrieden.

Steckbrief

- *Höhe 20–70 cm, manchmal niederliegend, Breite 30 cm*
- *blüht rosafarben oder weißlich zwischen Juli und September*
- *wintergrüne Blattrosetten*
- *für Sonne, Halbschatten oder lichten Schatten*
- *auch für trockene, magere Böden*
- *wüchsige Pflanze, die sich reichlich aussät*
- *Gewürz und Heilpflanze*

Mein Tipp: Im Blumenbeet wird Dost bei großzügigen Kompostgaben übermütig: Er bekommt dann größere Blätter, wird ausladend und legt sich auf seine Nachbarn. Sie können ihn daher ruhig ein bisschen stiefmütterlich behandeln, wenn es um das Düngen geht.

Sorten:

- 'Album': Weiße Blüten.
- 'Compactum': Nur 20 cm hoch, buschig und reichblühend.
- 'Country Cream': Weißbuntes Laub.
- 'Goldtaler': Gelbe Blätter.
- 'Thumbles Variety': Grüngelbes Laub, 25 cm hoch. Für absonnige Standorte.

Echter Eibisch

Althaea officinalis

Hinter dieser mannshohen Staude können Sie sich bestimmt, so wie ich, locker verstecken – ein perfekter sommerlicher Heckenersatz. Die wunderschönen, zartfarbenen Malvenblüten mit den kontrastreich violetten Staubgefäßen erscheinen über einen langen Zeitraum hinweg und sind daher bei Bienen und Hummeln ein beliebter Fixpunkt. Die Blätter sind angenehm weich, daher der Spitzname Samtpappel. Die Riesenstaude stammt zwar ursprünglich nicht aus Mitteleuropa, wurde aber schon vor vielen Jahrhunderten eingeführt und erfreut sich seither als Heilpflanze und in Bauerngärten großer Beliebtheit.

Mein Tipp: Ähnlich hoch werden Stockrosen (*Alcea rosea*). Diese oft kurzlebigen Malven lassen sich einfach aus Samen ziehen. Falls Sie sich nicht zwischen ihnen und dem Eibisch entscheiden können, dann macht das nichts: Es gibt neuerdings Kreuzungen aus beiden Arten, die langlebig und wenig anfällig für den gefürchteten Malvenrost sind. 'Parkfrieden' ist eine dieser Auslesen, halbgefüllt in Altrosa blühend für eher trockene Standorte.

Sorte:

- 'Romney Marsh': Zwerg-Eibisch, kompakter als die Art und buschig wachsend, nur 60–80 cm hoch.

Steckbrief

- *Höhe 150–200 cm, Breite 100 cm*
- *zart rosafarbene Blüten zwischen Juli und September*
- *für einen sonnigen Standort*
- *braucht einen nährstoffreichen, nicht zu trockenen Boden*
- *lässt sich leicht aus Samen vermehren durch Direktsaat im Herbst*

Blauer Eisenhut

Aconitum napellus

In meinem Garten wächst Eisenhut viel besser als Rittersporn. Während dieser stets in einer Nacht- und Nebelaktion von Nacktschnecken mit einem gezielten Biss durch den Blütenstängel enthauptet wird, ist der Blaue Eisenhut nicht kleinzukriegen. Seine Toleranz für schattigere Plätze ist ein weiterer Pluspunkt. Die blauen Blüten sind besonders bei Hummeln gefragt. Nach der Blüte sind die bizarren Samenstände so hübsch, dass die Pflanze über den Winter ungeschnitten stehen bleiben darf.

Mein Tipp: Wenn Sie blaue Blumen mögen, ist der ebenfalls aus den Alpen stammende Schwalbenwurz-Enzian (*Gentiana asclepiadea*) eine gute Ergänzung zum Eisenhut. Er wird bis zu 60 cm hoch. Beide Arten haben ähnliche Ansprüche und lassen im halbschattigen Beet von einem Sommerurlaub in den Bergen träumen, während man gemütlich im Liegestuhl sitzt.

Sorten:

- 'Bicolor': Blau-weiße Blüten.
- 'Gletschereis': Strahlend weiße Sorte.
- 'Kleiner Ritter': Kompakt und standfest. Bis 90 cm hoch.
- 'Rubellum': Rosafarbene Blüten.
- 'Schneewittchen': Weiße Sorte, bis 150 cm hoch.

Steckbrief

- *Höhe 50–150 cm, Breite 40 cm*
- *blaue Blüten zwischen Juni und August*
- *für Sonne, Halbschatten oder lichten Schatten unter Laubgehölzen*
- *mag nicht zu trockene, nährstoffreiche Böden*
- *auch für kühlere Plätze*
- *große Exemplare brauchen oft eine Stütze*
- *in allen Teilen stark giftig*

Schöne und Purpur-Fetthenne

Sedum spectabile, Sedum telephium

Auch wenn es fast den ganzen Sommer lang dauert, bis sie endlich blühen: Auf die robusten, genügsamen Fetthennen kann man nicht verzichten. Im August hat sich das Warten gelohnt, wenn die großen Blüten weithin sichtbar in der Sonne leuchten und sich für eine spannende Insektensafari eignen: Bienen, Hummeln, Schnabelfliegen und Schmetterlinge tummeln sich darauf. Im Verblühen wird die Farbe der Blüten intensiv violett. Die dekorativen Samenstände können den Winter über stehen bleiben und Vögeln als Nahrungsquelle dienen. Die Stauden sind langlebig und lassen sich leicht durch Teilung oder Stecklinge vermehren.

Mein Tipp: Bei den Fetthennen ist die Trockenheitsverträglichkeit zwar Programm, eine längere Dürreperiode im April oder Mai mögen sie aber gar nicht. Bei solchen Wetterextremen habe ich immer ein wachsames Auge auf meine Mädels und gieße sie, wenn sie schlappmachen.

Sorten:

- *S. spectabile* 'Iceberg': Weiße Blüten.
- *S. telephium* 'Herbstfreude': Klassiker, standfest und robust.
- *S. telephium* 'Matrona': Hybride mit violettgrünem Laub.
- *S. telephium* 'Purple Emperor': Ähnlich 'Matrona', aber noch dunkleres Laub.

Steckbrief

- *Höhe und Breite 40–70 cm*
- *Blüte in Rosa oder Pink von August bis September*
- *für Sonne oder Halbschatten – im Schatten keine Blüten*
- *für normale Gartenböden, gerne auch sommertrocken*

Gewöhnlicher Frauenmantel

Alchemilla xanthochlora

Im Garten ist eher der nicht-heimische Weiche Frauenmantel (*Alchemilla mollis*) zu finden, der gern große Bestände bildet und mit seinen gelblichen Blütenwolken sehr dominant wirkt. Der Gewöhnliche Frauenmantel, auch Spitzlappiger Frauenmantel genannt, ist zierlicher. Beide Arten schaffen das Kunststück, sich morgens wie mit Perlen behangen zu zeigen, indem sie bei hoher Luftfeuchtigkeit Wassertropfen an der Oberseite ihrer weich behaarten Blätter ausscheiden. Die Blätter sind beim Austrieb kunstvoll gefaltet. Insekten, zum Beispiel Feldwespen, finden hier eine praktische und mundgerechte Tränke. Die Raupen einiger Nachtfalter fressen am Laub. Frauenmäntel sind Rundum-Sorglos-Pflanzen, die von Schnecken verschmäht werden, keine Krankheiten kennen und mit einer erstaunlichen Bandbreite an Bodenfeuchte zurechtkommen. Mit ihren großen Blättern halten sie zusätzlich das Erdreich feucht.

Mein Tipp: Die Staude findet sich im Handel auch unter dem Namen *Alchemilla vulgaris*. Durch seine große Toleranz für schattige Lagen kann der Gewöhnliche Frauenmantel auch auf schattigen Balkonen angepflanzt werden sowie am Gehölzrand oder im Staudenbeet.

Steckbrief

- *10–30 cm hoch, 30 cm breit*
- *gelbe Blüten von Mai bis August*
- *für Sonne bis Schatten*
- *für einen nährstoffreichen, frischen bis feuchten Boden*
- *keine Gefahr durch Schnecken*

Wald-Geißbart

Aruncus dioicus

Der Wald-Geißbart ist ein luftig-leichter Staudenriese und kann unschöne, schattige Gartenecken, wie es sie selbst im kleinsten Garten gibt, verschwinden lassen. Seine weißen Blütenrispen leuchten aus dem Schatten hervor und sind für Bienen, Fliegen, Käfer und Hummeln ein Anziehungspunkt. Da Nacktschnecken ihn aber links liegen lassen, ist er ideal für luftfeuchte Bereiche neben Sträuchern oder auf der Nordseite von Mauern, wo er Jahrzehnte alt werden kann. Im Staudenbeet hält er sich dezent zurück und kann direkt vor eine Hecke gepflanzt werden. Sein dunkles Laub dient niedrigeren Stauden als ruhiger Hintergrund. Im Winter sind die verblühten Stängel bei Raureif ein Hingucker.

Mein Tipp: Vom Wald-Geißbart gibt es männliche und weibliche Pflanzen: Männliche blühen zunächst voller und auffälliger, werden aber nach der Blüte rasch braun. Sind beide Geschlechter im Garten vertreten, entstehen Sämlinge, was in kleinen Beeten schnell eng werden kann. Schneiden Sie in solchen Fällen die verblühten Stängel der weiblichen Pflanzen vor der Samenreife zurück.

Sorten:

- 'Kneiffii': Historische Sorte mit geschlitztem Laub. Mit 70 cm Höhe kleiner als die Art, verträgt keinen tiefen Schatten.
- 'Whirlwind': Auslese aus 'Kneiffii' und dieser sehr ähnlich, aber robuster und standfester.

Steckbrief

- *Höhe 100–200 cm, Breite 100 cm*
- *weißliche Blüten von Juni bis Juli*
- *für Schatten oder Halbschatten*
- *am liebsten sind ihm nährstoffreiche, humose Böden mit Kompostgaben; auf trockenen, mageren Böden bleibt er kleiner*
- *junge Triebe sind essbar*

Pfirsichblättrige Glockenblume

Campanula persicifolia

Bienen würden Glockenblumen kaufen! Es gibt wenige Pflanzenfamilien, die so viele verschiedene Arten anziehen, darunter einige Spezialisten. Diese hohe Glockenblume schwebt mit ihren großen Blüten elegant und erhaben über niedrigen Stauden. Sie macht sich dünn, lässt sich daher auch in kleinen Beeten unterbringen und mit anderen schlanken Stauden wie Akeleien vergesellschaften. Die Farbe der Wildart ist himmelblau, es entstehen aber durch Selbstaussaat immer mal wieder weißblühende Pflanzen, die so für überraschende Inszenierungen sorgen. Diese Staude zieht die Glockenblumen-Scherenbiene (*Osmia rapunculi*) an, neben anderen Wild- sowie Honigbienen.

Mein Tipp: An den Blütenstängeln erscheinen laufend neue Glocken, entfernen Sie die Samenstände daher nicht zu früh. Wenn Sie eine reichliche Aussaat wünschen, können Sie die Stängel über den Winter stehen lassen.

Sorten:

- 'Grandiflora Alba': Sehr große, weiße Blüten.
- 'Grandiflora Caerulea': Blüht blau, größere Blüten als bei der Wildart.
- 'Nitida': Nur bis 30 cm hoch.
- *C. persicifolia* subsp. *sessiliflora*: Unterart mit flachen, dicht am Stängel sitzenden Glocken.

Steckbrief

- *Höhe 60–100 cm, 20 cm Breite*
- *blaue oder weiße Blüten von Juni bis Juli*
- *die Grundblätter sind immergrün*
- *für sonnige Standorte, aber auch Halbschatten wird noch vertragen*
- *für trockene Beete geeignet, wächst selbst in Pflasterfugen*
- *vermehrt sich über Aussaat und kurze Ausläufer, die aber nicht lästig werden*

Wald-Glockenblume

Campanula latifolia

Die Wald-Glockenblume ist eine besonders imposante Gestalt und passt mit ihrem aufrechten Wuchs wunderbar zu Rosen, mit denen sie zeitgleich blüht. Sie nimmt auch noch mit schattigeren Plätzen vorlieb und erfreut mit ihren großen, auffälligen Blüten. Schnell tauchen ganz von allein weiße Sämlinge im Garten auf. Hummeln, Blattschneider-, Masken- und Sandbienen und ganz besonders die Glockenblumen-Scherenbiene (*Osmia rapunculi*, Bild) kann man mit der Staude in den Garten locken – sie schläft sogar in den Blüten. Diese Spezialistin scheint aber etwas konservativ zu sein – in meinem Garten bevorzugt sie die blauen Blüten gegenüber den weißen.

Steckbrief

- *Höhe etwa 100 cm, Breite 50 cm*
- *blaue oder weiße Blüten von Juni bis Juli*
- *für Sonne, Halbschatten oder lichten Schatten unter Laubgehölzen*
- *mag nährstoffreiche Böden mit ausreichender Bodenfeuchte*
- *in trockenen Sommern zieht die Pflanze nach der Blüte ein, treibt aber im nächsten Jahr wieder aus*
- *sät sich reichlich aus*
- *bildet keine Ausläufer*

Mein Tipp: Diese Glockenblume hat kräftige Wurzeln mit stark verdickten Speicherorganen, die leider bei Wühlmäusen sehr beliebt sind. Falls Ihr Garten von den Nagern untergraben wird, pflanzen Sie die Stauden vorsorglich in Metallgitterkörbe.

Schneeweiße Hainsimse

Luzula nivea

Gräser im Garten bewirken mit lockerer Leichtigkeit und Beschwingtheit einen natürlichen Eindruck und beugen winterlicher Langeweile im Beet vor. Diese weißblühende Hainsimse aber kann noch mehr als sich im Wind wiegen: Sie macht sich nützlich und versorgt Hummeln und Käfer mit Pollen, die die Blüten dank der hellen Farbe auch in dunkleren Ecken schnell finden. Als schattenverträgliches Gras ist die Art hervorragend für den Vorgarten geeignet, wo sie zusammen mit Lungenkraut, Christrosen und Blumenzwiebeln ein einladendes Fußvolk zu laubabwerfenden Sträuchern abgibt. Hainsimsen säen sich selbst aus, indem sie Schützenhilfe von Ameisen bekommen, die die Samen aufgrund eines nahrhaften Anhängsels verschleppen.

Mein Tipp: Hainsimsen sind Gräser für lässiges Gärtnern, denn ein Rückschnitt nach dem Winter ist nicht unbedingt notwendig und nur angesagt, wenn die Pflanze durch Frost sehr gelitten hat.

Steckbrief

- *wird 20–40 cm hoch und etwa 30 cm breit*
- *weiße Blüten von Juni bis Juli, mitunter sogar August*
- *das Laub ist immergrün und stark bewimpert*
- *nach der Blüte entwickeln sich braune Früchte*
- *mag am liebsten halbschattige bis schattige Gartenplätze oder den lichten Schatten von Gehölzen*
- *für humosen Lehmboden geeignet, aber selbst trockenere Standorte werden toleriert*
- *wächst horstig ohne Ausläufer*

Sorten:

- 'Schneehäschen': Robuste, blühfreudige Sorte.
- 'Silberglanz': Kompakter als die Art.

Echtes Herzgespann

Leonurus cardiaca

Aufgrund der langen Blütezeit gehört diese robuste Bienenweide, die besonders bei Gegenlicht im Sonnenschein fantastisch aussieht, als Solitärstaude in jeden Garten. Und wenn es auch keine Liebe auf den ersten Blick ist, doch wenn erst einmal ein Männchen der Großen Wollbiene (*Anthidium manicatum*, Bild) mit seinem Harem einen Bestand vom Herzgespann regiert, schmückt eine der schönsten heimischen Wildbienen die rosablühende Pflanze.

Steckbrief

- *50–150 cm hoch und 50 cm breit*
- *rosafarbene Blüten von Juni oder Juli bis September*
- *mag sonnige bis halbschattige Standorte*
- *für nährstoffreichen, nicht allzu trockenen Gartenboden, im Allgemeinen sehr anspruchslos*
- *Vermehrung durch Aussaat ist leicht möglich*
- *alte Heilpflanze*

Die großen gelb-schwarzen Drohnen sind verhaltensauffällig, wenn sie am Herzgespann auf Brautschau gehen und die Nahrungsquelle gegen Hummeln und Honigbienen verteidigen.

Mein Tipp: Ein Herzgespann kann den Fernseher ersetzen. Pflanzen Sie es so, dass Sie das Familienleben der Wollbienen dort aus nächster Nähe beobachten können – es gibt rasante Verfolgungsjagden und wüste Rempeleien. Gegenüber Menschen sind die Bienen aber nicht aggressiv.

Färber-Hundskamille

Anthemis tinctoria

Im Garten geht die Sonne auf mit diesem leuchtenden Vertreter aus der Gattung der Färberkamillen. Die Pflanze ist Kummer gewohnt – je magerer und trockener der Boden, umso üppiger blüht sie. Das macht sie zur idealen Pflanze, wenn Sie nur wenig Zeit zum Gießen der Beete haben oder gern in den Sommerurlaub fahren. Selbst an steinigen Standorten kommt diese Staude noch gut zurecht. Sie lockt Nützlinge wie Schwebfliegen in den Garten. Kleine Wildbienen, unter anderem die Löcherbiene (*Osmia truncorum*) und die Rainfarn-Seidenbiene (*Colletes similis*) lieben die Blüten ebenso wie Käfer und Schmetterlinge. Als Raupenfutterpflanze dient sie dem Kamillen-Mönch (*Cucullia chamomillae*). Schöne Kombinationen ergeben sich mit Schafgarben, die ebenso trockenheitsverträglich sind.

Steckbrief

- *Höhe 30–60 cm und ebenso breit*
- *gelbe Blüten von Juni bis September*
- *bevorzugt einen Platz in voller Sonne*
- *mag trockene, magere, gerne auch steinige Standorte*

Mein Tipp: Leider ist die Färber-Hundskamille nicht sehr langlebig. Wenn Sie verblühte Pflanzen zurückschneiden, erhöht sich ihre Lebensdauer jedoch und sie treiben neue Blüten. Lassen Sie zusätzlich immer einige Samenstände ausreifen, damit sich die Stauden durch Selbstaussaat erhalten.

Sorten:

- 'Ala Dagh': Relativ ausdauernd.
- 'Dwarf Form': Kompakte Sorte für Steingärten.
- 'Lemon Ice': Cremefarbene Auslese mit gelber Blütenmitte.
- 'Sauce Hollandaise': Wie kleine Margeriten – weiß mit gelbem Zentrum.

Immenblatt

Melittis melissophyllum

Diese Pflanze sieht aus wie eine übergroße Taubnessel, deren Blätter süß duften. Die Blüten sind groß und auffällig – normalerweise weiß mit violetter Unterlippe, es gibt aber auch reinweiße und völlig rosafarbene Spielarten. Als aufrecht wachsende Staude des Laubmischwaldes bringt sie Leben an den eher schattigen Gehölzrand. Der Name Immenblatt weist auf die Eignung dieser Staude als Bienenweide hin. Besonders für Hummeln haben die rosafarbenen Blüten genau die richtige Größe.

Mein Tipp: Das Immenblatt wuchert nicht und arrangiert sich daher mit anderen Stauden für halbschattige Standorte. Sie können die Pflanze mit Lungenkraut, Vergissmeinnicht oder Akeleien kombinieren, so entstehen hübsche Kontraste in Blüten- und Blattform. Selbst unter Hainbuchen, wo es eher trocken ist, können Sie die Staude verwenden.

Sorten und weitere Arten:

- 'Album': Blüten reinweiß.
- 'Royal Velvet Distinction': Kontrastreich gefärbte Blüten, wüchsig, horstig wachsend.
- Nesselkönig (*Lamium orvala*): Nichtheimische, langlebige Hummelstaude, die ähnliche Ansprüche hat. Große, rötliche Blüten. Verträgt Schatten und Wurzeldruck von Gehölzen. 40–60 cm hoch.

Steckbrief

- *30–50 cm hoch und ebenso breit*
- *Blüten in Weiß-Lila von Mai bis Juni*
- *Duftpflanze*
- *geeignet für lichtschattige bis halbschattige Plätze am Gehölzrand*
- *für nährstoff- und kalkreiche Böden, die humos sein sollten*
- *mag steinigen Untergrund, der dem Wärmebedürfnis der Pflanze entgegenkommt*

Jakobsleiter

Polemonium caeruleum

Diese heimische Staude für feuchte Wiesen ist in der Natur selten – Grund genug, sie im Garten anzusiedeln. Ihre sprossenartig angeordneten Blätter gaben ihr den Namen – das fein gegliederte Laub sieht den ganzen Sommer über attraktiv aus. Auf der Karriereleiter halfen der Staude auch die himmelblauen Blüten mit auffällig orangefarbenen Staubgefäßen. Sie erscheinen stets in Gruppen mit guter Fernwirkung und sind bei Bienen, Schmetterlingen und Hummeln beliebt. Als typischer Frühsommerblüher passt die Jakobsleiter zu Akeleien, Beinwell und Braunem Storchschnabel.

Mein Tipp: Ein Rückschnitt nach der ersten Blüte spornt die Pflanze an, einen zweiten Flor zu bilden. Lassen Sie die zweite Blütencharge zur Aussaat stehen, da die Staude zu den eher kurzlebigen Vertretern gehört.

Steckbrief

- *60–80 cm hoch und 30 cm breit*
- *blaue Blüten von Mai bis Juni*
- *bevorzugt sonnige bis halbschattige Plätze*
- *mag nährstoffreiche, nicht zu trockene, kalkhaltige Böden – für Teichränder geeignet*
- *sät sich selbst aus, Teilung dagegen ist nicht möglich*
- *bildet keine Ausläufer*

Sorten:

- 'Album': Weiße Blüten.
- 'Bambino Blue': Kompakter als die Art, bis 40 cm hoch.
- 'Brise d'Anjou': Weißbuntes Laub.
- 'Filigree Clouds': Blüht weiß, standfest.
- 'Northern Lights': Hellblaue Blüten, bis 40 cm hoch.

Wiesen-Knöterich

Bistorta officinalis

Wer schon einmal eine Wiese voll mit den rosa Pfeifenreiniger-Blüten des Wiesen-Knöterichs gesehen hat, auf denen morgens taubedeckte Schmetterlinge schlafen, möchte am liebsten den Rasen in eine Feuchtwiese umwandeln. Denn hier findet man die schöne Staude. Im Garten geht es aber auch eine Nummer kleiner: Am Teichrand, in einer feuchten Senke auf Lehm oder in einer Sickergrube, die das Regenwasser vom Dach auffängt, gedeiht der Knöterich ebenfalls. Den seltenen Blauschillernden Feuerfalter, dessen Raupen an der Pflanze fressen, wird man vermutlich nicht in den Garten komplimentieren können, aber die Blüten ziehen andere Falter an, und einige häufige Nachtfalter legen Eier an den Blättern ab. Schwebfliegen und Bienen besuchen die Blüten ebenfalls.

Mein Tipp: Geeignete Pflanzpartner sind der Große Wiesenknopf, Teufelsabbiss, Wiesen-Storchschnabel, Jakobsleiter und Sibirische Iris. Falls der Platz knapp ist und der Ausbreitungswillen der Staude stört, kommen die zahmen Sorten zu Hilfe, die nicht wuchern und reicher blühen.

Sorten:

- 'Hohe Tatra': Dunkelrosa Blüten.
- 'Superbum': Im Gegensatz zur Wildart wuchert sie nicht und blüht nach Rückschnitt erneut.

Steckbrief

- *20–90 cm hoch, Bodendecker*
- *rosa Blüten von Juni bis Juli, in höheren Lagen auch bis September*
- *mag Sonne, Halbschatten oder lichten Schatten*
- *für einen frischen bis feuchten Boden, gern kalkarm*
- *die Wildart verbreitet sich über Ausläufer*

Kugel-Lauch

Allium sphaerocephalon

Steckbrief

- *Höhe 70–100 cm, sehr schmal*
- *violette Blüten im Juli*
- *für sonnige Beete*
- *bevorzugt magere, kalkhaltige, trockene Böden ohne Staunässe*
- *das Laub treibt schon im Herbst wieder aus und überwintert*
- *manchmal bildet sich anstelle der Blüte ein Knäuel Jungzwiebeln, die Sie einpflanzen können*

Im Gegensatz zu vielen anderen Laucharten kommt bei dieser Pflanze das dicke Ende erst zum Schluss, nämlich im Juli. Seine Eierköpfe wechseln ihre Farbe von unten nach oben und von Grün nach Lila. Bienen, Schmetterlinge und Hummeln lieben diese Blüten. Das Laub nimmt nur wenig Platz ein und passt überall dazwischen. Kugel-Lauch hat Gruppenstolz, daher gilt: Nicht kleckern, sondern klotzen, denn erst in Massen kommt er richtig zur Geltung. Auch im verblühten Zustand kann er im Beet bleiben, so dekorativ ist er, außerdem sät er sich dann gut aus.

Mein Tipp: Kombinieren Sie den Kugel-Lauch mit kontrastierenden Blütenformen, zum Beispiel dem flachen Blütenstand der Wiesen-Schafgarbe. Ebenso schön wirkt er in Gesellschaft von locker-flockigen Gräsern wie dem Federgras (*Stipa tenuissima*). Eine andere Variante ist es, den Lauch mit gleichartig eiförmigen Blüten zu arrangieren – hierzu bietet sich das Alpen-Mannstreu (*Eryngium alpinum*) an, das ihm farblich etwas entgegenzusetzen hat. Spektakulär wirkt der Kugel-Lauch mit der zur selben Zeit blühenden Blauen Rasselblume (*Catananche caerulea*), deren Samenstände ebenfalls sehr adrett aussehen, sodass diese Wohngemeinschaft über den Winter bestehen bleiben kann.

Taubenkropf-Leimkraut

Silene vulgaris

Die wenig schmeichelhaften Beinamen Gewöhnliches Leimkraut, Klatschnelke oder Knirrkohl tun dieser entzückenden Pflanze Unrecht. Sie hat einen Platz im Garten verdient, entweder in der Blumenwiese, im Staudenbeet oder Kiesgarten. Zur einer guten Trockenheitsverträglichkeit kommt eine lange Blütezeit. Aus der Nähe betrachtet sind die Blüten einzigartig: Die Kelchblätter sind aufgeblasen und weiß-rosa gemustert wie ein kitschiges Schachbrett, die Kronblätter bilden einen weißen Rüschenkranz. Die Farbe kombiniert mit einem nachts verströmten Duft lockt hauptsächlich Nachtfalter zu den Blüten, tagsüber sind Schmetterlinge und langrüsselige Bienen zur Stelle, während kurzrüsselige Hummeln auch schon mal ein Loch in die Blüte beißen, um an den Nektar zu gelangen. Die Raupen der Leimkraut-Nelkeneule und des Geschmückten Taubenkropf-Blütenspanners fressen am liebsten an den Fruchtständen, die Karden-Sonneneule bevorzugt die Blätter.

Mein Tipp: Das Taubenkropf-Leimkraut lässt nichts anbrennen und ist eine Staude für Ungeduldige: Im Frühjahr gesät kommt es schon im selben Jahr zur Blüte. Die Saat keimt leicht und stellt keine großen Anforderungen an den grünen Daumen. Essbar sind die Blätter im Frühjahr. Kurz angebraten schmecken sie wie Zuckerschoten.

Steckbrief

- *20–50 cm hoch, 40 cm breit*
- *weiß-rosafarbene Blüten von Mai bis September*
- *für Sonne oder Halbschatten*
- *bevorzugt magere, trockene Böden, die kalkhaltig sein sollten*

Gefingerter und Hohler Lerchensporn

Corydalis solida, Corydalis cava

Bodendecker auf Zeit sind diese beiden heimischen Arten, die sich in Vielem sehr ähneln: Sie bilden im zeitigen Frühjahr unter laubabwerfenden Gehölzen schöne Blütenteppiche in Rosa oder Weiß und tauchen nach der Samenreife sofort wieder unter, um größeren Schattenstauden Platz zu machen. Im Boden bleiben die Knollen zurück und verschlafen den Rest des Jahres. Lerchensporne eignen sich prima zum Verwildern, wobei sich die Ameisen bei der Gartenarbeit endlich einmal nützlich machen können, da sie die Samen wegen eines nahrhaften Anhängsels liebend gern überall verteilen. Die Bestäubung der Blüten übernehmen Hummelköniginnen, Zitronenfalter und Pelzbienen.

Steckbrief

- *Höhe und Breite 15–30 cm*
- *pinkfarbene, selten weiße, duftende Blüten von März bis April*
- *für Plätze unter laubabwerfenden Gehölzen und Hecken, die im Sommer schattig sind, aber Frühjahrssonne erhalten*
- *für humose, kalkhaltige Böden mit Waldcharakter*
- *verträgt keine tiefgreifende jährliche Bodenbearbeitung*
- *sät sich aus*

Mein Tipp: Diese Lerchensporne mögen humosen Boden und eignen sich weniger gut für neu angelegte Gartenbereiche. Sie fühlen sich in reifen Gärten wohl – gerne wachsen sie unter älteren Hainbuchenhecken. Lassen Sie das Laub direkt darunter verrotten und arbeiten Sie über mehrere Jahre Kompost ein, bevor Sie die Knollen pflanzen. Verzichten Sie auf großflächige Bodenbearbeitung.

Sorte:

- *Corydalis solida* 'GP Baker': Blüten in sehr dunklem Rot.

Echtes Lungenkraut

Pulmonaria officinalis

Lungenkräuter kommen auf den Punkt mit ihren weiß getupften Blättern. Unter laubabwerfenden Gehölzen sind sie die Stars im Frühlingsgarten, doch auch den Sommer über bleibt das Laub attraktiv. Die Blüten ändern ihre Farbe im Laufe der Zeit von Rosa nach Blau, wie kleine Chamäleons, sodass die Pflanze vielfarbig erscheint. Bestäubt wird sie von Hummelköniginnen, Schmetterlingen und Hummelschwebern sowie Pelzbienen, zu deren ausgesprochenen Lieblingspflanzen das Lungenkraut gehört.

Mein Tipp: Als Pflanze des Buchenwaldes lässt sich das Lungenkraut mit Buschwindröschen, Lerchensporn und Duft-Veilchen kombinieren. Wenn Sie ihm zusätzlich noch Blausternzwiebeln unterjubeln, wird Ihr Garten zum Wildbienenrevier. Wuchsstarke Nachbarn wie Herbst-Anemonen (*Anemone hupehensis*) sollten Sie auf Abstand halten, da sie das niedrige Lungenkraut zu sehr verschatten.

Sorten:

- 'Alba': Weiße Blüten.
- 'Dora Bielefeld': Hellrosafarbene Blüten ohne Farbwechsel, teppichbildend.
- 'Ice Ballet': Weißblühend mit langer Blütezeit.
- 'Wuppertal': Vitale Sorte, blühfreudiger als die Art.

Steckbrief

- *Höhe und Breite 25–40 cm*
- *die Blüten erscheinen von März bis Mai und ändern ihre Farbe von Rosa nach Blau*
- *bevorzugt halbschattige bis schattige Plätze unter sommergrünen Gehölzen*
- *mag einen nicht zu trockenen, humosen Boden mit Kalkanteil, wächst besonders gern in Lehmboden*
- *für Kompostgaben und etwas Falllaub dankbar*
- *sät sich aus und verbreitet sich durch kurze Ausläufer*

Echtes Mädesüß

Filipendula ulmaria

Das Mädesüß mit seinen fedrigen weißen Blütenständen ist eine hübsche Hochsommerstaude für feuchte Wiesen, Gräben, Bach- und Teichränder. Die Blüten locken Hummeln, Bienen, Schwebfliegen und Käfer in den Garten, während das attraktive Laub von vielen Schmetterlingsarten als Raupenfutterpflanze genutzt wird. Bei ausreichend Sonne ist die Pflanze standfest und kann als hoher Beethintergrund für niedrigere Stauden dienen. Da sich die Art leicht durch Samen verbreitet, ist sie zur Verwilderung geeignet. Sollten Sie irgendwann zu viel von ihr haben, können Sie ihrer weiteren Vermehrung Einhalt gebieten, indem Sie die abgeblühten Stängel zurückschneiden. Die Jungpflanzen sind aber auch schnell gejätet.

Mein Tipp: Mein Mädesüß wächst schon seit vielen Jahren in normaler, eher trockener Erde, wo es sogar sehr erfolgreich den gierigen Giersch an der Eroberung weiterer Gartenbereiche hindert.

Sorten:

- 'Aurea': Gelbliches Laub.
- 'Variegata': Blätter mit weißen Anteilen.

Steckbrief

- *Höhe 50–150 cm bei 40 cm Breite*
- *weiße Blüten von Juni bis August*
- *für Sonne bis Halbschatten oder lichten Schatten unter Laubbäumen*
- *am liebsten mag es feuchte Böden, ist aber wenig anspruchsvoll, der Standort kann sogar trocken und mager sein*
- *sät sich selbst aus*
- *wird von Nacktschnecken nicht angerührt*
- *alte Heilpflanze*

Moschus- und Rosen-Malve

Malva moschata, Malva alcea

Diese Schwesterarten können den Rosen die Schau stehlen, wenn sie regelrechte Büsche voller rosafarbener Blüten bilden. Die anspruchslosen Stauden verzweigen sich gut, blühen ununterbrochen und werden dabei reichlich von Bienen und Hummeln angeflogen. Zur Samenreife findet die jährliche Vollversammlung der Feuerwanzen statt – diese hübsche, harmlose Art ernährt sich besonders gern von Malvenfrüchten, dennoch säen sich die Pflanzen reichlich aus. Was übrig bleibt wird im Winter von Meisen geknabbert, Sie können die Samenstände also bis zum Frühling stehen lassen und den nicht sehr langlebigen Pflanzen so die Aussaat erleichtern.

Mein Tipp: Jedes Jahr blüht irgendwo eine Malve neben meinem Rosenbogen Ton in Ton mit der hellrosafarbenen Breitblättrigen Platterbse – eine perfekte Wohngemeinschaft, denn die rankende Staude greift sich gern die Stängel der Malve und hindert sie so am Umkippen.

Sorten:

- *Malva alcea* 'Fastigiata': Straff aufrecht wachsend.
- *Malva moschata* 'Alba': Weiße Blüten.

Steckbrief

- *50–125 cm hoch und 50 cm breit*
- *rosafarbene Blüten von Juni bis September*
- *für Sonne oder Halbschatten*
- *beide vertragen nährstoffreiche wie magere Böden und tolerieren Trockenheit recht gut*
- *Schnecken stellen keine Gefahr dar*
- *säen sich selbst aus*

Frühlings-Platterbse

Lathyrus vernus

Für eine Platterbse ist dieses Schmuckstück eine recht bodenständige Art, die im Gegensatz zu vielen ihrer Verwandten nicht rankt, sondern hübsch horstig wächst. Eine weitere Besonderheit ist ihr Laub, das sie auch nach der Blüte bis zum Herbst hindurch präsentiert, wenn es am Fuße der Bäume schattig wird. Ebenso wie beim Lungenkraut wechselt die Blütenfarbe von rotviolett nach bläulich bis türkis, was einen bunten Gesamteindruck erzeugt. Hummeln und Wildbienen lieben diese Blüten. Später reifen dunkle Schoten, die ihre Samen weit davon schleudern.

Mein Tipp: Diese Staude ist der Problemlöser für trockenen Schatten, wenn unter den Sträuchern sonst nichts wachsen will. Einmal eingewachsen erweist sie sich als äußerst robust. An weniger schwierig zu bepflanzenden Standorten können Sie der Frühlings-Platterbse das Lungenkraut zur Seite stellen, was auch aufgrund der unterschiedlichen Blattformen gefällt.

Steckbrief

- *mit 30 cm Höhe und Breite bleibt sie niedrig und kompakt*
- *frühe Blüte im April und Mai, die Farbe ändert sich von Violett über Blau nach Türkis*
- *für Halbschatten bis Schatten, vor dem Laubaustrieb der Bäume auch gern sonnig*
- *mag einen nährstoffreichen, humosen Boden, der Kalk enthalten darf*
- *wurzelt recht tief, daher auch für trockenen Schatten geeignet*
- *sät sich selbst aus, wenn ihr der Standort gefällt*

Sorten:

- 'Albiflorus': Reinweiße Blüten.
- 'Alboroseus': Blüht zartrosa.
- 'Gracilis': Sehr schmale, fast nadelförmige Blätter.
- 'Rosenelfe': Ebenfalls rosa.

Klebriger Salbei

Salvia glutinosa

Ein heimischer Salbei für den Schatten, der auch noch ganz ungewöhnlich in Gelb blüht? Das kann nur der Klebrige Salbei, auch Gelber Salbei genannt. Er ist noch ein echter Geheimtipp in den Gärten und stammt aus den Bergwäldern, wo er die Krautschicht zum Leuchten bringt oder auf Kahlschlägen und an Hängen wächst. Diese Flexibilität können Sie sich auch im Garten zunutze machen und ihn entweder unter Laubbäume und sommergrüne Sträucher pflanzen oder ins sonnige Beet zwischen andere Stauden setzen. Durch eine lange Pfahlwurzel sind ältere Pflanzen recht trockenheitsverträglich. Für Hummeln sind die großen Blüten wie geschaffen, doch auch kleinere Wildbienen locken sie an.

Steckbrief

- *50–120 cm hoch und etwa 50 cm breit*
- *sehr lange Blütezeit von Juli bis September, Blüten in Gelb*
- *für Sonne bis lichten Schatten*
- *mag nährstoffreichen Lehmboden*
- *verbreitet sich durch Samen, daher zum Verwildern geeignet*

Mein Tipp: Da diese noch recht unbekannte Wildstaude nicht im Gartencenter zu finden ist, sollten Sie auf Staudenmärkten stöbern gehen. Die Anzucht aus Samen mit Vorkultur ab März auf der Fensterbank ist zum Glück aber auch erfreulich einfach. Gute Saatgutversender haben die Pflanze im Programm – und wenn der Salbei erst einmal Fuß gefasst hat, sind seine Sämlinge ein tolles Geschenk für Gartenfreunde.

Wiesen-Salbei

Salvia pratensis

Wo auch immer der wilde Wiesen-Salbei zu entdecken ist, erntet er von mir grenzenlose Bewunderung, so schön ist sein tiefes Blau über einer attraktiven Blattrosette. Leider ist eine Begegnung mit ihm selten – ein Grund mehr, ihm in Ihrem Garten Asyl zu geben. Er wird es Ihnen mit vollkommener Anspruchslosigkeit danken. Bestäubt wird die prächtige Staude hauptsächlich von Hummeln und Schmetterlingen. Unter den Faltern gibt es viele schöne Arten, deren Raupen sich an den Blättern gütlich tun.

Steckbrief

- *Höhe und Breite 40–60 cm*
- *blaue Blüten von Mai bis August, bei Rückschnitt Nachblüte bis September*
- *liebt einen sonnigen Standort, doch auch Halbschatten ist akzeptabel*
- *für eher trockene, auch magere Böden, die kalkhaltig sein sollten*
- *die Blätter lassen sich als Gewürz verwenden*
- *er entwickelt eine Pfahlwurzel, ältere Exemplare sind daher schlecht umzupflanzen*
- *sät sich reichlich selbst aus*

Mein Tipp: Als Wiesenblume ist diese Art durchaus sozialverträglich und lässt sich auch im Garten mit anderen trockenheitsliebenden Stauden kombinieren. Probieren Sie ihn nicht nur im Beet und in Blumenwiesen, sondern auch in Kiesgärten und zur Dachbegrünung, denn auch dort zeigt er sich flexibel.

Sorten:

- 'Mittsommer': Violettblaue Blüten.
- 'Pink Delight': Leuchtend pinkfarben.
- 'Rosea': Blüht rosa.
- 'Rose Rhapsody': Rosafarbene Blüten.
- 'Swan Lake': Blüht strahlend weiß.

Wiesen-Schafgarbe

Achillea millefolium

Diese heimische Staude zeigt sich gern auf Wiesen und an Wegrändern, wo sie sich durch kurze Ausläufer verbreitet. Über hübsch filigranem Laub schweben weiße Tellerblüten, die mitunter rosafarben daherkommen. Da die Art also von Natur aus wandlungsfähig ist, sind durch Züchtung einige bunte Sorten entstanden. Unabhängig von der Farbe sind die offenen Blütenteller für Insekten mit kurzem Rüssel leicht zu bedienen. Daher werden sie gern von Schwebfliegen, Käfern, Maskenbienen, Furchenbienen und Löcherbienen (*Osmia truncorum*) besucht. Letztere Art können Sie dann in Ihrem Bienenhotel mit hohlen Pflanzenstängeln wiedertreffen.

Mein Tipp: Die Staude möchte ungern von großblättrigen Platzhirschen bedrängt werden. Gute Nachbarn sind der zierliche Kugel-Lauch, Färber-Hundskamille, Wiesen-Salbei, Ysop oder der Dornige Hauhechel, die ihr alle genügend Freiraum lassen und ebenso trockenheitstolerant sind.

Sorten:
- 'Cerise Queen': Rötliche Blüten.
- 'Lachsschönheit': Blüht lachsfarben.
- 'Pretty Belinda': Pinkfarbene Blüten.
- 'Red Velvet': Kirschrot.
- 'Sammetriese': Blüht rot, hohe Sorte, bis 80 cm.
- 'Terracotta': Orangerot bis bräunlich gefärbte Blüten.

Steckbrief
- *Höhe und Breite 20–60 cm*
- *die Art hat weiße, selten rosafarbene Blüten von Juni bis August, Nachblüte im September*
- *Duftpflanze*
- *bevorzugt sonnige Standorte*
- *für magere Böden, die auch mit Steinen durchsetzt sein dürfen, trockenheitsverträglich*
- *Pionierpflanze*

Schwalbenwurz

Vincetoxicum hirundinaria

Wer schon einmal im Winter an einer sonnigen Stelle im Wald auf schnabelähnliche Samenkapseln mit fedrigen Flugsamen gestoßen ist, mag denken, hier hat jemand Gartenabfälle mit überzähligen, wenn auch schmächtigen Seidenpflanzen aus Nordamerika entsorgt. Die Wahrscheinlichkeit ist hoch, dass es sich hierbei um den einzigen europäischen Vertreter der Seidenpflanzengewächse handelt, die Schwalbenwurz. Ihre Blüten sind klein und weiß. Sie werden von Bienen, Schmetterlingen, Fliegen, Käfern und bunten Ritterwanzen besucht. Wenn Ihr Garten in einer Wärmeinsel liegt, etwa am Ober- oder Mittelrhein, können Sie auch die Weißpunkt-Bodenwanze an den Samen und die Schwalbenwurzwanze an den Blättern finden. Diese Arten werden mit dem Klimawandel häufiger und freuen sich, wenn wir Sie mit einer Schwalbenwurz im Garten begrüßen. Der Schwalbenwurzkäfer, die Schwalbenwurz-Höckereule und der Schwalbenwurz-Kleinspanner fressen am Laub.

Mein Tipp: Die Schwalbenwurz ist genauso wie die Schwalbenwurzwanze für den Klimawandel gewappnet. Sie verträgt Trockenheit und kann im Garten an mageren, trockenen Stellen wachsen.

Steckbrief

- *30–120 cm hoch, 30 cm breit*
- *weiße Blüten von Mai bis August*
- *bizarre, den ganzen Winter über zierende Samenstände*
- *mag Sonne, Halbschatten oder lichten Schatten*
- *für einen mageren, trockenen, nicht staunassen Boden*
- *Tiefwurzler*

Echtes Seifenkraut

Saponaria officinalis

Ich nenne das Seifenkraut gern die europäische Antwort auf den Phlox, da die rosafarbenen Blütenbüschel ein bisschen so aussehen. Allerdings blüht die Staude in meinem Garten zuverlässiger, denn durch ihren fleischigen Wurzelstock können ältere Pflanzen sommerliche Trockenheit besser wegstecken als der Phlox. Leider ist sie nicht immer standfest und muss dann aufgebunden werden, damit sie kleinere Stauden nicht unter sich begräbt. An niedrigen Mauern gepflanzt kann sie sich abstützen und schöne Blütenkaskaden bilden. Das Seifenkraut ist eine Pflanze für Nachtschwärmer: Während tagsüber nur ein paar Schwebfliegen vorbeischauen, kommen gegen Abend die ersten Schmetterlinge zu Besuch, sobald die Blüten anfangen zu duften. Sie locken prächtige Gesellen an, wie Wein- und Fledermausschwärmer. Die Raupen mehrerer Kapseleulenarten fressen sich durch die Samenstände.

Mein Tipp: Diese Staude ist tatsächlich ein Seifenspender: Wenn man die dicken Wurzeln mit einer Reibe zerkleinert und in Wasser verrührt, entsteht schäumende Seifenlauge, die Schmutz und Fett löst – ein schönes Experiment für Kinder.

Sorten und weitere Arten:

- 'Alba': Weißblühende Auslese.
- Rotes Seifenkraut (*Saponaria ocymoides*): Aus den Alpen. Für Steingärten und Trockenmauern.

Steckbrief

- *Höhe etwa 50–80 cm hoch, oft aber niederliegend, Breite 50 cm*
- *hellrosafarbene Blüten in Büscheln mit guter Fernwirkung von Juli bis September*
- *Sonne, zur Not auch Halbschatten*
- *stellt an den Boden keine Ansprüche, wuchert auf trockenen Böden nicht so stark*
- *verbreitet sich über Ausläufer, die von Zeit zu Zeit ausgerissen werden müssen – im Zweifel nur dort pflanzen, wo es wuchern darf*

Gelber Steinklee

Melilotus officinalis

Heimische Pflanzen, die im Hochsommer blühen, gibt es auch – ein Beispiel ist der Gelbe Steinklee. Seine sonnige Farbe zusammen mit seiner schlanken, lockeren Gestalt macht ihn zur perfekten Wahl für den Beethintergrund oder als Lückenfüller. Er drängt sich nicht auf, sondern webt einen gelben Schleier durch andere hohe Pflanzen. Er ist trockenheitsverträglich und blüht genau zur rechten Zeit für hungrige Hummeln – die Steinhummel passt nicht nur dem Namen nach zur Pflanze. Bläulinge besuchen die Blüten ebenfalls. Wenn Sie den Garten-Bläuling (*Celastrina argiolus*) an der Pflanze sehen, kann es sein, dass er nicht nur Nektar saugt, sondern verstohlen auch Eier zwischen die Blüten ablegt. Dem Steinklee wird nachgesagt, Wühlmäuse fernzuhalten.

Mein Tipp: Der Steinklee passt gut in Kiesbeete und auf Schotterrasen. Gute Partner sind andere dürreresistente Pflanzen wie Gewöhnlicher Natternkopf, Wiesen-Margerite oder Wilde Möhre. Falls Ihnen die Farbe zu grell ist, greifen Sie einfach zum Weißen Steinklee (*Melilotus albus*). Dieser ist einjährig und als Saatgut erhältlich. Seine Ansprüche gleichen denen seines gelben Bruders, sogar der Garten-Bläuling ist mit ihm ebenso einverstanden.

Steckbrief

- *40–120 cm hoch, 30–60 cm breit*
- *gelbe Blüten von Juni bis September*
- *für Sonne bis Halbschatten*
- *Pionierpflanze, liebt einen mageren, trockenen Boden, der kalkhaltig sein darf*
- *Pfahlwurzel*
- *einjährig bis mehrjährig, erhält sich durch Selbstaussaat*

Sterndolde

Astrantia major

Mit dieser Staude kann man sich die Sterne vom Himmel holen. Und das lohnt sich, denn alles an ihr ist attraktiv – von den großen, glänzenden Blättern bis hin zu den zart gebauten Blüten mit den sternförmigen Hüllblättern. So extravagant die Blütenform, so erlesen sind auch die Insekten, die sie besuchen: Schwebfliegen kommen in Scharen, dazu Gichtwespen, winzige Wildbienen und Käfer – und zwar jedes Jahr wieder, denn Sterndolden sind äußerst langlebige Gesellen auch für eher schattige Gartenpartien unter Sträuchern und Laubbäumen. Sie säen sich zart aus und sorgen so für hübschen Nachwuchs.

Mein Tipp: Die Sterndolde ist meine Zeigerpflanze für trockene Sommer – wenn sie die Blätter hängen lässt, weiß ich, dass es bald auch anderen Pflanzen schlecht geht. So kann ich den Garten rechtzeitig vor großem Durst bewahren.

Sorten:

- 'Abbey Road': Fast weinrote Blüten.
- 'Roma': Rosafarben, standfest, 40–60 cm hoch.
- 'Rosensinfonie': Mit 70 cm sehr groß, rosarote Blüten.
- 'Ruby Wedding': Frühblühend ab Mai in dunklem Rot.
- 'Shaggy': Sehr filigrane Blütensterne in Silberweiß.
- 'Sunningdale Variegated': Weißbuntes Laub.

Steckbrief

- *50–70 cm hoch und 30 cm breit*
- *blüht weiß mit rosa Mitte im Juni und Juli, bei Rückschnitt Nachblüte im September*
- *mag Sonne bis Schatten, gern auch am Gehölzrand*
- *für nicht zu trockenen, humosen und kalkhaltigen Boden*
- *sät sich von selbst aus*
- *keine Gefahr von Schneckenfraß*

Brauner Storchschnabel

Geranium phaeum

Der Artname ist zugegebenermaßen weder besonders ansprechend noch poetisch, was die Sorten mit ihren klangvollen Bezeichnungen aber wieder wettmachen. Die Wildart hat tiefdunkelviolette Blüten mit weißer Mitte, die weit über dem Boden schweben und sich daher gut mit anderen hohen Stauden wie Akeleien kombinieren lassen. Besonders Hummeln, aber auch Bienen, sind ganz wild auf die dunklen Blüten. Das Laub bildet schön geformte Kuppeln, zudem gibt es einige Sorten, die sich als Blattschmuckstauden empfehlen.

Steckbrief

- *50–70 cm hoch und ebenso breit*
- *violette Blüten von Mai bis Juni*
- *für halbschattige Standorte oder im lichten Schatten von Gehölzen*
- *mag humosen Boden, verträgt Trockenheit*
- *sät sich reichlich aus*
- *wird von Schnecken gemieden*

Mein Tipp: Der Braune Storchschnabel ist ein Eroberer und neigt dazu, sich überall im Garten zu versamen. Bei den Sorten mit braun gefleckten Blättern entstehen dadurch interessante Sämlinge, die in ihrem Blattmuster variieren. Möchten Sie die Pflanzen in ihrem Ausbreitungsdrang bremsen, ist dies leicht möglich, indem Sie die Blütenstängel vor der Samenreife komplett entfernen.

Sorten:

- 'Album': Weiße Blüten.
- 'All Saints': Rosafarbene Blüten.
- 'Goldmund': Gelbliches Laub und große bläuliche Blüten.
- 'Lily Lovell': Hellere Blüten als die Art, die zudem größer sind.
- 'Mourning Widow': Sehr dunkle, fast schwarze Blüten.
- 'Samobor': Braun geflecktes Laub.
- 'Saturn': Wie 'Samobor', aber größere Blätter mit schönerer Zeichnung.

Wiesen-Storchschnabel

Geranium pratense

Ob in einer Blumenwiese oder im Staudenbeet – mit dem zart blühenden Wiesen-Storchschnabel kann man sein blaues Wunder erleben. Das finden auch die Insekten gut – ob Hummel, Honig- oder Wildbiene, sie kommen gern. Kaum reifen die ersten Samen, erscheinen auch schon die hübschen Zimt- und Schillerwanzen auf der Bildfläche, um an ihnen zu saugen. Garantiert lassen sie aber noch keimfähiges Saatgut übrig, das die Staude mit Hilfe vieler überaus dekorativer Samenkatapulte im ganzen Garten verschießt. Trotz reichlicher Selbstaussaat wird die Pflanze aber nie lästig und sorgt für immer neue Gartenbilder.

Mein Tipp: Finden Sie in Ihrem Garten keinen freien Platz an der Sonne mehr für diese Staude? Dann ersetzen Sie sie einfach durch den blau-violetten Wald-Storchschnabel (*Geranium sylvaticum*), der sogar an schattigen Standorten blüht. Auch der rosafarbene Knotige Storchschnabel (*Geranium nodosum*, Seite 7) ist ein robuster Dauerblüher für trockenen Schatten.

Sorten:
- 'Album': Weiße Blüten.
- 'Black Beauty': Dunkelviolettes Laub.
- 'Mrs Kendall Clark' (Bild): Fein weiß gestreifte Blüten ab Juni.
- 'Striatum': Blau-weiß gestreifte Blüten.
- 'Victor Reiter': Dunkles Laub.

Steckbrief

- *Höhe 60–70 cm, Breite etwa 50 cm*
- *blüht blau von Juni bis August*
- *bevorzugt Sonne, kommt aber auch mit Halbschatten zurecht*
- *für einen nährstoffreichen Boden, der nicht zu trocken sein sollte*
- *wird von Schnecken gemieden*

Gefleckte Taubnessel

Lamium maculatum

Die Gefleckte Taubnessel ist unter den heimischen Taubnesselarten diejenige, von der es die meisten Zuchtsorten gibt. Alle Auslesen sind exzellente Bodendecker im Schatten von Gehölzen, wo sie auch nach der Blüte durch ihr fein gezeichnetes Laub Licht ins Dunkel bringen – sogar im Winter bleiben die Blätter erhalten. Mit Hilfe ihrer Ausläufer bildet die Staude bald größere Bestände, durch eine Kombination verschiedener Sorten wird es dennoch nie langweilig. Die Blüten sind für Hummeln und Pelzbienen besonders verlockend. Zahlreiche Schmetterlingsarten nutzen die Blätter als Kinderstube.

Steckbrief

- *15–20 cm hoch, Bodendecker*
- *blüht pinkfarben von Mai bis Juni*
- *mag Schatten oder Halbschatten*
- *für einen nährstoffreichen Boden, der auch trockener sein darf*
- *verbreitet sich durch Ausläufer*
- *wintergrünes Laub*

Mein Tipp: Eine Sorte mit gelben Blüten fehlt bei der Gefleckten Taubnessel. Wenn Sie es unter Ihren Sträuchern und Bäumen besonders bunt mögen, setzen Sie als weitere Art die heimische Goldnessel in der Sorte 'Silberteppich' dazu (*Lamium galeobdolon*). Diese Auslese hat silbriges, fast weißes Laub mit gelben Blüten und wuchert im Gegensatz zur Wildform nicht.

Sorten:

- 'Chequers': Laub mit einem großen weißen Fleck im Zentrum.
- 'Elisabeth de Haas': Dunkelrosa gefärbte Blüten, helle Blattmitte.
- 'Lila und Silber': Dunkle Blätter mit einem weißen Mittelstreifen.
- 'Pink Pewter': Rosa Blüte, helles Laub.
- 'Red Nancy': Sehr dunkle Blüten, silberfarbenes Laub.
- 'White Nancy': Silbriges Laub und weiße Blüten.

Blut-Weiderich

Lythrum salicaria

Leuchtend pinkfarbene Blütenkerzen, die lange blühen und die meisten anderen Stauden überragen – das zeichnet den Blut-Weiderich aus. Am liebsten ist ihm ein Platz am Teichrand oder einem feuchten Graben, wo er ohne viel Pflege ganz zufrieden ist. Er ist recht standfest, sodass lästiges Aufbinden und Stützen nicht nötig ist. Es sind einige hübsche Zuchtformen erhältlich, die kompakter, großblütiger oder andersfarbig sind. Bei Tagfaltern und Hummeln sind sie in jedem Fall gefragt. Die Blätter ernähren diverse Raupen, unter anderem die des Mittleren Weinschwärmers.

Mein Tipp: Ich kenne viele Blut-Weiderich-Pflanzen, die nicht nah am Wasser gebaut sind. Mein eigenes Exemplar steht neben Lavendel im normalen Blumenbeet. Das bekommt ihm erstaunlich gut, obwohl er jetzt keinen Wasseranschluss mehr hat. Falls Sie also keinen Teich haben, greifen Sie ruhig trotzdem zu.

Sorten:

- 'Blush': Hellrosafarben mit dunkler Mitte, 70 cm hoch.
- 'Feuerkerze': Sehr hoch, bis 150 cm.
- 'Robert': Besonders standfeste Sorte, bis 80 cm hoch.
- 'Stichflamme': Großblumige Auslese.

Steckbrief

- *100–120 cm hoch und 40 cm breit*
- *pinkfarbene Blüten von Juli bis September*
- *mag Sonne bis Halbschatten*
- *für feuchte Böden, gern am Teichrand*
- *bis 5 cm Wassertiefe*
- *bildet keine Ausläufer*
- *wird von Nacktschnecken gemieden*

Vielblütige Weißwurz

Polygonatum multiflorum

Diese heimische Waldstaude ist eine wirklich elegante Erscheinung. Die sich langsam entrollenden, frischgrünen Triebe im April sind für sich schon spektakulär. Hat die Pflanze schließlich ihr bogig überhängendes Laub entfaltet, erscheinen auch schon die weißen Blüten, die von Hummeln besucht werden und wie kleine Glöckchen aufgereiht unter den Blättern hängen. Das hat der Weißwurz den Namen „Maiglöckchen unterm Dach" eingetragen. Im Sommer reifen schwarze Beeren fast auf Amsel-Augenhöhe heran, sodass sie schnell von den Vögeln verspeist werden. So grazil diese Staude ist, so sehr weiß sie sich auch zu benehmen: Sie wuchert nicht, sät sich mäßig stark aus und stört dabei nie. Sie gedeiht unter Apfelbäumen, kommt aber sogar mit dem dichten, trockenen Wurzelfilz von Birken noch zurecht. Schön sind Kombinationen mit Frühlingsblumen – besonders Wildtulpen wie die Zwerg-Stern-Tulpe (*Tulipa tarda*) sehen neben dem Blattaustrieb hübsch aus.

Mein Tipp: In manchen Gärten werden die Blätter von den Raupen der Salomonssiegel-Blattwespe geplagt. Sollte Ihr Garten dazu gehören, können Sie die Pflanzen durch konsequentes Absammeln der gefräßigen Raupen schützen.

Steckbrief

- *20–60 cm hoch und 30 cm breit*
- *weißgrüne Blüten im Mai*
- *gelbe Herbstfärbung*
- *schattenverträgliche Staude für die Unterpflanzung von Laubgehölzen*
- *verträgt Trockenheit*
- *mag Kompost und Laubhumus*
- *giftige schwarze Beeren*
- *mitunter Schneckenfraß an den Blättern*

Akeleiblättrige Wiesenraute

Thalictrum aquilegiifolium

Man kann das Laub dieser hübschen Staude mit der in Gärten viel häufiger gepflanzten Akelei verwechseln, daher ihr sperriger Name. Sobald aber die rosafarbenen Strubbelköpfe aufblühen und über ihren Nachbarn tanzen, gibt es keinen Zweifel mehr, wen man da vor sich hat. Die zarten Blüten tanzen auch im Pflanzenreich so richtig aus der Reihe, denn bei ihnen spielen höchst auffällige Staubblätter die Hauptrolle, wenn die eigentlichen Blütenblätter schon lange abgefallen sind. Das bedeutet Pollen in Hülle und Fülle, und so werden sie gern von Bienen besucht, aber auch von einem heimischen Edelstein, dem stattlichen Rosenkäfer. Schmetterlinge finden die Blüten wegen des fehlenden Nektars dagegen nicht besonders attraktiv, es gibt aber einige Arten, die ihre Raupen an den Blättern fressen lassen.

Mein Tipp: So sehr das Laub der Akelei ähnelt, so gern stehen die beiden auch zusammen. Kombinieren Sie diese beiden Beetschwestern miteinander für ein locker-flockiges Blumenbeet am Gehölzrand. Auch Eisenhut gesellt sich gern dazu.

Steckbrief

- *100–120 cm hoch und 40 cm breit*
- *rosa Blüten im Mai und Juli*
- *für Sonne, Halbschatten oder lichten Schatten am Gehölzrand*
- *bevorzugt etwas feuchtere Böden mit viel Humus, gerne auch Kalk*
- *sät sich selbst aus*
- *bildet keine Ausläufer*

Sorten:

- 'Album': Weiße Blüten.
- 'Black Stockings': Dunklere Blüten als die Art.
- 'Thundercloud': Standfest mit pinkfarbener Blütenfarbe.

Aufrechter Ziest

Stachys recta

Sie wünschen sich Orchideen wie zum Beispiel zarte Knabenkräuter im Garten, haben aber Respekt vor deren Ansprüchen? Kein Problem, der Aufrechte Ziest kann mit seinen wunderschönen weißen Blüten locker als Orchidee durchgehen, und das bei völliger Anspruchslosigkeit an den Boden. Nur sonnig sollte es sein, dann kommt er mit trockenen, widrigen Bedingungen gut klar. Er hält sich immer aufrecht und blüht lange von Juni bis zum Herbst, auch die Samenstände sind noch zierend. Die Blütenkerzen werden von Wollbienen, Hummeln, Holzbienen, weiteren Wildbienen und Schmetterlingen besucht. Wo die Große Wollbiene vorkommt, ist sie Stammgast an diesem Lippenblütler. Der Ziest-Kleinspanner und der Gelbe Fleckenspanner fressen als Raupen am Laub.

Mein Tipp: Als Pflanzpartner stehen dem Aufrechten Ziest viele andere trockenheitsverträgliche Pflanzen gut, die ihm nicht zu sehr auf die Pelle rücken. Geeignet sind Kugel-Lauch, Thymian, Gamander-Arten, Kartäuser-Nelke, Färber-Hundskamille, Wiesen-Salbei, Blut-Storchschnabel, Gewöhnlicher Hornklee und auch der Echte Ziest.

Steckbrief

- *40–60 cm hoch, 30–40 cm breit*
- *weiße Lippenblüten mit langer Unterlippe und roten Abzeichen von Juni bis Oktober*
- *schmale Blätter*
- *für Sonne bis Halbschatten*
- *verträgt trockene, steinige Böden, kommt aber auch an nährstoffreichen Standorten klar*
- *Tiefwurzler*
- *leicht aus Samen zu ziehen*
- *remontiert bei Rückschnitt nach der ersten Blüte*

Echter Ziest

Stachys officinalis

Der Echte Ziest ist eine alte Heilpflanze, heute aber nicht mehr oft in Gärten zu sehen. Dabei ist er so anspruchslos und zuverlässig. Seine dicht bepackten Blütenstände sind über viele Wochen schön, seine Blätter ausgesprochen elegant. Wo dieser Ziest blüht, ist auch immer was los – Schmetterlinge finden sich ebenso ein wie Hummeln, Bienen und blütenbesuchende Wanzen. Die Große Wollbiene (Bild) ist nie weit. Die stattlichen Männchen dieser Art versuchen stets, einen Ziestbestand für sich und ihre Weibchen zu sichern, indem sie andere Insekten vehement vertreiben – was zum Glück für die Hummeln nie ganz gelingt. Kombinieren lässt sich die Staude mit Gewöhnlichem Dost und Pfirsichblättriger Glockenblume. Sie haben eine ähnliche Blütezeit und kommen mit Trockenheit klar.

Mein Tipp: Jeder Ziest ist ein garantierter Insektenmagnet. Praktischerweise gibt es heimische Arten für alle Lebenslagen: Sumpf-Ziest (*Stachys palustris*) eignet sich für den Teichrand. Der Wald-Ziest (*Stachys sylvatica*) wächst gern im Schatten von Gehölzen, schleicht sich mit Hilfe seiner Ausläufer aber auch in Blumenbeete. Wenn er überhandnimmt, können Sie ihn leicht herausziehen.

Steckbrief

- *20–70 cm hoch und 30 cm breit*
- *tiefrosa gefärbte Blüten von Juni bis August, mitunter treten Pflanzen mit hellrosafarbenen Blüten auf*
- *für Sonne oder Halbschatten*
- *für eher nährstoffarme Lehmböden*
- *Trockenheit wird gut vertragen*
- *leicht aus Samen zu ziehen*

Kletterpflanzen – Akrobaten der Lüfte

Kletterpflanzen sind gern zur Stelle, wenn es darum geht, den verfügbaren Raum in einem kleinen Garten optimal auszunutzen. Sie bringen viele Blüten in die Vertikale und locken noch mehr nützliche Insekten und auch Vögel an.

Echte Brombeere

Rubus sect. Rubus

Im Garten wünscht man sich oft einen wintergrünen Sichtschutz. Warum nicht einfach die übermütige Wuchskraft der aufdringlichen Brombeere nutzen und gleichzeitig leckere Früchte ernten? Da das Gehölz seine meterlangen Triebe gern ganz pragmatisch über andere Pflanzen wirft – weil es selbst keine Haftwurzeln oder Ranken besitzt, sondern nur Stacheln als Steigeisen –, kann man die Äste auch einfach über einen Rosenbogen drapieren. Auch ein Zaun oder ein Spalier ist im Nu berankt. Vor Kratzern muss man keine Angst haben, wenn man stachellose Sorten wählt. Die Blüten werden von Schwebfliegen, Schmetterlingen, Käfern und Bienen besucht, die Früchte sind bei Vögeln und Nagetieren begehrt. Zahlreiche Schmetterlingsraupen vom Garten-Bläuling bis zur Pyramideneule fressen am Laub.

Mein Tipp: Abgeerntete Triebe kann man im Spätwinter direkt über dem Boden abschneiden. Die Zweige ergeben abgeschnitten und senkrecht aufgestellt eine Nisthilfe für stängelbewohnende Wildbienen und solitäre Wespen.

Sorten:

- 'Dirksen Thornless': Stachellos, 1–2 m hoch, ertragreich bis in den Oktober.
- 'Thornfree': Stachellos und starkwachsend, bis 5 m hoch.
- 'Thornless Evergreen': Stachellos, bis 2 m hoch, große Früchte.

Steckbrief

- *0,50–3 m hoch und breit, schnittverträglich*
- *weiße Blüten von Mai bis August*
- *schwarze essbare Früchte*
- *oft wintergrün*
- *für Sonne bis Halbschatten*
- *mag einen humosen, nicht staunassen Boden, gern kalkarm*
- *stachlige Sorten können Ausläufer bilden*

Gewöhnlicher Efeu

Hedera helix

Efeu kann nicht nur die Wände hochgehen, sondern in einen Maschendrahtzaun geflochten auch die schmalste Hecke der Welt sein – immergrün und immer blickdicht. Reife Pflanzen bilden nicht-kletternde Zweige aus, an denen die kugeligen Blüten und später die Beeren auftreten, die bei Vögeln hoch im Kurs stehen. Bei meinem Zaun-Efeu war dies nach 10 Jahren der Fall. Solche alten Exemplare sind von großem Wert: In den abstehenden Alterstrieben lassen sich prima Nester bauen. Wenn Sie in Süddeutschland zu Hause sind, können die Blüten Besuch von der Efeu-Seidenbiene (*Colletes hederae*) bekommen, mindestens werden Honigbienen, nützliche Schwebfliegen und Schmetterlinge, besonders Admiral (Bild) und Tagpfauenauge, angelockt.

Mein Tipp: Falls Sie keinen Platz für eine aufstrebende, kletternde Pflanze haben, ist Strauch-Efeu eine Alternative. Er ist aus Alterstrieben vermehrt worden und bildet einen rundlichen, nicht-rankenden Strauch, der schon in jungen Jahren blüht und fruchtet.

Sorten:
- 'Arborescens': Strauch-Efeu, bis 1,50 m hoch.
- 'Aureovariegata': Gelbbuntes Laub.
- 'Ovata': Ovale Blätter, klettert nicht so hoch wie die Art, bis 8 m.
- 'Variegata': Weißbuntes Laub, schwachwachsend, bis 6 m hoch.

Steckbrief
- *die Wildform kann über 20 m hoch ranken, wenn sie darf*
- *immergrün*
- *späte gelbliche Blüten im September und Oktober*
- *die schwarzen, giftigen Beeren reifen im Winter*
- *für Schatten oder Halbschatten*
- *anspruchslos, solange der Boden humos ist*
- *kann sehr alt werden*

Wohlriechendes und Wald-Geißblatt

Lonicera caprifolium, Lonicera periclymenum

Diese beiden üppigen Ranken sind etwas für Frühaufsteher und Feierabendgärtner – die großen, exotisch wirkenden Blüten schalten ihren Duft tagsüber aus und umhüllen sich erst abends wieder mit einer wunderbaren Aromawolke. Der Blütenduft zu später Stunde zielt auf Nachtfalter als Kundschaft ab, was wiederum Fledermäuse anzieht. Tagsüber schaut das Taubenschwänzchen vorbei, ebenso wie langrüsselige Hummeln. Schwebfliegen und Honigbienen nippen nur an den Pollenpaketen. Die leuchtend roten Beeren sind bei vielen Gartenvögeln sehr begehrt, vor allem bei Rotkehlchen, Mönchsgrasmücke, Sumpfmeise, Amsel und Gimpel. In meinem Garten hat das Wald-Geißblatt einen Ehrenplatz an der Terrasse, wo es sich um einen Rosenbogen schlingt und unermüdlich bis zum ersten Frost blüht. Das Wohlriechende Geißblatt wird auch Jelängerjelieber genannt.

Mein Tipp: Obwohl die Pflanzen hoch hinaus wollen, können Sie sie gut schneiden, wenn Sie ihnen weniger Luftraum zugestehen wollen. Sie bekommen dadurch eine buschige Krone, was die Amseln zum Nisten einlädt. Auch die Breite ist variabel und lässt sich an die Kletterhilfe anpassen.

Steckbrief

- *2–6 m hoch und bis 2,50 m breit*
- *rosa-gelbe Blüten beim Wohlriechenden Geißblatt von Mai bis Juli, das Wald-Geißblatt blüht von Juni bis zum Frost*
- *rote, giftige Beeren in Gruppen*
- *laubabwerfend, früh wieder austreibend*
- *sonnige bis halbschattige Standorte*
- *das Wald-Geißblatt bevorzugt nicht zu trockene, das Wohlriechende Geißblatt nicht zu feuchte Lehmböden*
- *sie bevorzugen einen schattigen Wurzelbereich, daher ist eine Unterpflanzung mit Stauden höchst willkommen*
- *beide Arten brauchen eine stabile Rankhilfe von mindestens 2 m Höhe mit vielen senkrechten Streben, um die sich die Triebe winden können*

Gewöhnlicher Hopfen

Humulus lupulus

Diese wüchsige Staude verzieht sich im Herbst wieder komplett in den Boden, das bedeutet aber nicht, dass sie leicht zu bändigen ist, denn unterirdische Ausläufer können einem das Gärtnerleben schwer machen – da hilft es auch nicht, dass die Inhaltsstoffe der weiblichen Blüten beruhigen. Dafür kaschiert der rasante Ranker unschöne Fassaden im Blattumdrehen, sofern er ein Klettergerüst hat, wächst dekorativ an Rosenbögen oder bildet an Lauben ein schattiges Blätterdach. Das Laub ist adrett und ernährt die Raupen von Hopfen-Blütenspanner, C-Falter und Hopfen-Zünslereule, in den Stängeln lebt die Larve der Markeule. Gegen das Wuchern bietet es sich an, die Pflanzen dort anzusiedeln, wo ihr Wurzelbereich von Pflaster- oder Rasenflächen begrenzt wird, ansonsten hilft das Abstechen der unterirdischen Triebe.

Mein Tipp: Zu viel Hopfen kann man im Frühjahr in der Küche nutzen. Die jungen Sprosse werden ausgegraben und wie Spargel zubereitet. Die weiblichen Früchte eignen sich zum Bierbrauen.

Sorte:

- 'Aureus': Goldhopfen mit gelbgrünem Laub, wächst schwächer als die Wildform.

Steckbrief

- *je nach Höhe der Rankhilfe 2–6 m hoch, 2–4 m breit*
- *unscheinbare Blüten zwischen Mai und Juni, bei männlichen Pflanzen eine grünliche Rispe, bei weiblichen Pflanzen zapfenartig*
- *weinähnliches Laub, drei- bis fünflappig*
- *für Sonne oder Halbschatten*
- *mag trockene und auch feuchte, humose Böden*
- *treibt Ausläufer*
- *Staude, die im Winter oberirdisch abstirbt*

Alpen-Waldrebe

Clematis alpina

Steckbrief

- *2–3 m hoch und 1–1,50 m breit*
- *blaue Blüten mit weißer Mitte im April und Mai, eine Nachblüte im Sommer ist möglich*
- *für jeden Standort, sonnig bis lichtschattig*
- *mag einen nährstoffreichen Boden, der trocken, aber nie staunass sein darf*
- *der Wurzelbereich sollte beschattet sein, zum Beispiel durch Stauden*

Meiner Erfahrung nach ist diese zierliche Waldrebe mit den kleinen, glockenförmigen Blüten eine der besten *Clematis*-Arten für Hummeln. Auch dem Gärtner macht sie es einfach, denn sie wuchert nicht und gedeiht sogar im Pflanzkübel. Sie können sie auch in kleine, gut eingewachsene Sträucher hineinranken lassen, wo sie bald obenauf ist, oder ihr ein Klettergerüst anbieten. An niedrigen Zäunen lassen sich die langen Triebe waagerecht ziehen, mit ihren Blattranken hält sich die Pflanze dann selbst gut fest. Die fedrigen Samenstände sind so schön, dass man sie den Winter über stehen lassen kann. Die Samen werden dann gern von Meisen geknabbert – was dabei herunterfällt keimt leicht.

Mein Tipp: Diese Waldrebe benötigt keinerlei Schnitt, was sie sehr pflegeleicht macht. Vergreist die Kletterpflanze und wird blühfaul, können Sie sie direkt nach der Blüte zurückschneiden. Aufgrund dieses Schnittzeitpunktes eignet sich die Pflanze weniger gut, um sie in Rosensorten hineinwachsen zu lassen, die zu Frühlingsbeginn stark geschnitten werden müssen. Hier passen größere Wildrosen besser.

Sorten:

- 'Frances Rivis': Dunkelblaue Auslese mit größeren Blüten als die Wildart.
- 'Jutta': Pinkfarbene Blüten.
- 'Ruby': Relativ dunkle, violette Blüten. Für trockene Plätze.
- 'Willy': Blüht zart rosafarben.

Rotfrüchtige Zaunrübe

Bryonia dioica

Von allen heimischen Kletterpflanzen ist sie die Exzentrikerin: Als Staude zieht sie sich im Herbst in ihre rübenartige Wurzel zurück, die mit den Jahren beeindruckend schwer werden kann. Am Rankgerüst oder an den Nachbarpflanzen hält sie sich mit telefonschnurartig aufgewickelten Ranken fest. Sie gehört zu den Kürbisgewächsen, doch ist ihre Wurzel mächtiger als die kleinen roten Beerenfrüchte, die zum Beispiel von Amseln oder Sumpfmeisen gefressen werden. Im Naturgarten ist sie legendär: Sie ist die einzige Nahrungspflanze der Zaunrüben-Sandbiene (*Andrena florea*). Da sie Nektar und Pollen braucht, freut sie sich über männliche und weibliche Pflanzen in der Nähe, denn die Zaunrübe ist zweihäusig. Der Zaunrüben-Marienkäfer (*Henosepilachna argus*) frisst sich als Larve wie als Käfer durch die Blätter. Er dringt durch den Klimawandel immer weiter nach Norden vor.

Mein Tipp: Zaunrüben werden gern von Vögeln in den Garten gesät, sodass man Jungpflanzen an die gewünschte Stelle umsetzen kann, schon größere Rüben werden im Herbst ausgegraben. Zur Freude der Zaunrüben-Sandbiene bietet es sich an, einen Rosenbogen mit einer männlichen an einer Seite und einer weiblichen Pflanze an der anderen Seite zu beranken.

Steckbrief

- *50–400 cm noch, 60 cm breit*
- *zweihäusig, weiße Blüten von Juni bis September*
- *rote, giftige Beeren*
- *für Sonne bis Halbschatten*
- *mag einen humosen, nährstoffreichen, kalkhaltigen Boden, gern auf Lehm*
- *Staude, zieht im Herbst ein*

Sträucher – Freunde für's Leben

Sie sind der verlässliche Rahmen eines jeden Gartens, Bühne für Stauden oder blühender Höhepunkt des Gartenjahres. Einige Sträucher eignen sich durch Veredelung oder Erziehung zum Stämmchen sogar als Hausbaum und halten dem Gärtner so den Kopf frei.

Gewöhnliche Berberitze

Berberis vulgaris

Berberitzen sind wahre Überlebenskünstler, die am Gehölzrand ebenso wie im Staudenbeet gut aussehen und auch schwierig zu bepflanzende, steinige Standorte mit Leben füllen. Dennoch findet man in den Gärten meist nur die asiatische Thunberg-Berberitze. Die heimische Art ist nicht minder dekorativ, hat aber gegenüber der auswärtigen einen unschlagbaren Vorteil: Die leuchtend roten Beeren sind essbar und Sie können sie zu Marmelade verarbeiten, aber natürlich auch den Vögeln überlassen, die die Früchte sogar lieber mögen als die der nichtheimischen Berberitzen. Am Laub fressen die Raupen vieler Schmetterlinge, während die gelben Blüten Insekten anlocken und besonders bei Hornissen eine beliebte Süßspeise darstellen.

Steckbrief

- *Höhe und Breite 1–2 m, im Alter und ohne Schnitt selten bis 3 m*
- *gelbe, duftende Blüten von April bis Juni*
- *laubabwerfend mit schöner Herbstfärbung*
- *rote, essbare Früchte*
- *Jungtriebe haben eine rötliche Rinde*
- *bevorzugt einen sonnigen bis halbschattigen Standort*
- *liebt einen kalkhaltigen Untergrund, verträgt auch trockene, magere Böden*
- *bildet keine Ausläufer*

Mein Tipp: Die Gewöhnliche Berberitze ist von Hause aus ein Gehölz von überschaubarer Größe und neigt nicht zum Wuchern. Sollte eine Verschlankung einmal nötig sein, verträgt sie einen Auslichtungsschnitt gut. Entfernen Sie dabei überzählige Zweige bodennah.

Sorten:

- 'Alba': Weiße Früchte.
- 'Asperma': Früchte ohne Samen.
- 'Atropurpurea': Rötliches Laub, ansonsten wie die Art.

Besenginster

Cytisus scoparius

Mein Tipp: Einen radikalen Schnitt ins alte Holz mag der Besenginster nicht. Schneiden Sie einzelne, ältere Zweige am Boden ab, um den Strauch zu verschlanken. Um die Blüte zu fördern und ein Verkahlen an der Basis zu verhindern, können Sie nach dem Abblühen die oberen zwei Drittel der Zweige abschneiden.

Steckbrief

- *die Wildform wird 1–2,50 m hoch und 0,50–1 m breit, die meisten Sorten erreichen nur 1,50 m Höhe*
- *gelbe, duftende Blüten von Mai bis Juni, mitunter schon im April*
- *liebt einen sonnigen Platz*
- *für trockene, warme Böden, die sandig sein dürfen*
- *kalkmeidend*
- *giftig*
- *bildet keine Ausläufer*

Im Frühsommer hat der Besenginster seinen großen Auftritt – in leuchtendem Gelb ist er weithin sichtbar und belebt selbst sandige, trockene Böden, die nicht einfach zu begrünen sind. Sollte Ihnen die Signalfarbe der Wildform nicht gefallen, wählen Sie einfach unter den zahlreichen Sorten, die alles können außer Blau. Die Auslesen sind reichblühend und bleiben allesamt niedriger als die Art. Für welche Farbe Sie sich auch entscheiden, Hummeln besuchen die Blüten gern. Ihnen folgen Wildbienen und Schwebfliegen. Das Laub dient einer großen Zahl von Schmetterlingen als Kinderstube.

Sorten:

- 'Apricot Gem': Gelb-orangefarbene Blüten mit Pastelleinschlag.
- 'Boskoop Ruby': Karminrote Blüten.
- 'Burkwoodii': Gelb-rote Blüten.
- 'Dragonfly': Leuchtendes Orange.
- 'Palette': Blüht dunkelrot mit gelb-rosafarbenem Einschlag.
- 'Red Wings': Weinrote Blüten.
- 'Roter Favorit': Rosafarbene Blüten, etwas kleiner als die Art.

Gewöhnlicher Blasenstrauch

Colutea arborescens

Dieses aufgeblasene Gehölz ist ein echter Knaller für kleine Gärten, denn es hat mehr als nur schöne Blüten in warmen Sommerfarben zu bieten: Der Blasenstrauch behängt sich auch noch wie ein Christbaum mit Früchten. Immerzu werden monatelang neue Blüten gebildet, während nebenbei die dekorativen Schoten reifen. Diese blasen sich luftig auf und färben sich leuchtend orangebraun, was eine ausgezeichnete Fernwirkung erzeugt. In den Hülsen reifen kleine schwarze Samen, die sich mit ihrem eigenen Luftkissen verbreiten möchten. Bis in den Winter hinein bleiben die meisten Blasen am Strauch, bevor sie am Ende doch noch vom Winde verweht werden. Die Blüten werden von Bienen und Schmetterlingen besucht. Besonders die Schwarzbürstige Blattschneiderbiene (*Megachile nigriventris*) kann man mit diesem Strauch im Garten fördern. Einige schöne Tagfalter fressen als Raupe an den Blättern, darunter mehrere Bläulinge.

Mein Tipp: Sollte der Strauch zu groß werden, können Sie ihn im Spätwinter komplett zurückschneiden. Er schiebt dann rasch Jungtriebe, die sogar schon im Juni desselben Jahres wieder blühen.

Steckbrief

- *2,50–3 m hoch und 1–2 m breit*
- *gelbe oder orangefarbene Blüten von Mai bis etwa September*
- *dichter, laubabwerfender Strauch ohne Dornen*
- *für sonnige bis halbschattige Plätze*
- *toleriert trockene, magere Böden*
- *die Samen und auch die Blätter sind giftig*

Gewöhnliche Eibe

Taxus baccata

Mit Nadelgehölzen muss man in kleinen Gärten sparsam umgehen, denn sie neigen dazu, alles in den Schatten zu stellen. Die Eibe hat jedoch etwas, was andere nicht haben: Keine Angst vor der Schere. Selbst einen Schnitt ins alte Holz überlebt sie und treibt wieder frisch aus. Geeignet ist sie als Solitär wie als Hecke. Schön sind die leuchtend roten Früchte, die sich vor dem dunklen Laub gut abheben und bei Vögeln sehr gefragt sind: Im Winter tummeln sich dort Rotdrosseln, Amseln und Wacholderdrosseln, aber auch viele kleinere Singvögel nutzen das rote Fruchtfleisch. Als Brutplatz ist das immergrüne Gehölz erste Wahl.

Mein Tipp: Wenn Ihnen die dunklen Nadeln zu düster erscheinen, pflanzen Sie eine der gelblaubigen Sorten. Sie sind die Strahlemänner in schattigen Gartenpartien.

Steckbrief

- *bei langsamem Wuchs wird die Wildform ohne Schnitt bis 10 m hoch und 5 m breit*
- *unscheinbare Blüten von März bis April*
- *weibliche Pflanzen mit roten Früchten*
- *für sonnige bis schattige Plätze*
- *mag nicht zu trockene, nährstoffreiche Böden, im Allgemeinen aber flexibel*
- *nahezu alles an diesem Gehölz ist giftig, bis auf das rote Fruchtfleisch*

Sorten:

- 'Aurea': Kompakt mit gelben Nadeln. 4 m hoch und bis 1 m breit.
- 'David': Gelbe Nadeln und rote Früchte. Bis 2 m hoch und 80 cm breit.
- 'Fastigiata': Säulenform, 4–7 m hoch und 1,50–2 m breit.
- 'Fastigiata Aureomarginata': Säule mit teilweise gelben Nadeln. 3–5 m hoch und 1–2,50 m breit.
- 'Fastigiata Robusta': Kleine Säule mit 2,50 m Höhe und 50 cm Breite.

Gewöhnlicher Faulbaum

Frangula alnus

Ich bin immer wieder überrascht, wo ich dem Faulbaum überall begegne – ob mitten im Wald oder im sonnigen Moor, überall ist dieser gar nicht zimperliche Strauch zu finden. Zur Blütezeit höre ich ihn schon bevor ich ihn sehe, denn seine Blüten mögen zwar unscheinbar aussehen, werden aber lautstark von einer großen Zahl Bienen und Hummeln umschwärmt. Die Blütezeit ist lang, so reifen die Beeren nacheinander und verfärben sich dabei von Rot nach Schwarz, was sehr dekorativ aussieht. Leider sind sie giftig, von Vögeln werden sie aber gern verspeist. Das Laub ernährt die Raupen des Zitronenfalters und des Kreuzdorn-Zipfelfalters sowie vieler weiterer Arten.

Mein Tipp: Die kleinbleibenden Sorten mit den bemerkenswert schmalen, fast farnartigen Blättern eignen sich sehr gut für beengte Plätze und sind schöne Solitärsträucher, sodass der heimische Strauch sogar in formalen Gärten Karriere machen kann. Durch den kompakten Wuchs können Sie mit den Sorten auch blickdichte Hecken pflanzen, die nur wenig geschnitten werden müssen.

Steckbrief

- *die Wildform wird 3–5 m hoch und 2–4 m breit*
- *kleine weiße Blüten im Mai und Juni, Nachblüte bis in den Herbst*
- *rote Beeren ab Juli, die sich in der Reife schwarz verfärben, giftig*
- *gelbe Herbstfärbung*
- *laubabwerfend*
- *für Sonne bis Schatten*
- *anspruchslos an den Boden, solange er nicht zu trocken ist, daher auch für feuchte und sogar verdichtete Böden geeignet*

Sorten:

- 'Asplenifolia': Kleine Sorte mit schmalen Blättern, bis 2 m hoch und 1,50–2 m breit.
- 'Fine Line': Feines Laub, nur 1,50–2,50 m hoch und 40–70 cm breit.
- 'Minaret': Wie 'Fine Line', aber mit normalem Laub.

Gewöhnliche Felsenbirne

Amelanchier ovalis

In vielen Gärten steht eine Felsenbirne, meist allerdings die Übersee-Variante aus Nordamerika, die Kupfer-Felsenbirne (*Amelanchier lamarckii*). Die heimische Gewöhnliche Felsenbirne hat neben dem Standortvorteil noch einen weiteren Pluspunkt: Sie bleibt deutlich kleiner. Bei diesem Gehölz sind aller guten Dinge drei: Nach einer fulminanten Frühlingsblüte, die eine gute Bienenweide darstellt, entstehen leckere Beeren, die von Amseln, Mönchsgrasmücken und Ringeltauben geschätzt werden, und im Herbst leuchtet das Laub bunt – und das alles bei völliger Anspruchslosigkeit. Mehrere Schmetterlingsarten nutzen die Blätter außerdem als Raupennahrung.

Mein Tipp: Der Wettlauf mit den Vögeln um die Beeren lohnt sich – sie erinnern im Geschmack an Heidelbeeren. Da die Samen zerkaut leicht giftig sind, empfiehlt sich die Zubereitung als Gelee.

Sorten:

- 'Diana': 2–3 m hoch und 1–2,50 m breit. Reichblühend. Veredelte Sorte.
- 'Helvetica': Bis 2 m hoch. Langsam wachsend.
- 'Pumila': Mit etwa 1 m Höhe die kleinste Sorte. Schwächere Herbstfärbung.

Steckbrief

- *die Wildform wird 2–4 m hoch und ebenso breit*
- *weiße Blüten zwischen April und Mai*
- *rötlich-schwarze Beeren ab Ende Juni, essbar*
- *rotorangefarbene Herbstfärbung*
- *für Sonne bis Halbschatten*
- *verträgt kalkhaltigen, mageren, steinigen Untergrund, trockenheitstolerant*
- *keine großen Ansprüche an den Boden*
- *lässt sich mit Stauden unterpflanzen*

Blutroter Hartriegel

Cornus sanguinea

Oft ist der Blick in den winterlichen Garten etwas trostlos. Da scheint eine Zaubernuss die Lösung gegen die Tristesse zu sein, doch die wird ziemlich breit und verlangt einen prominenten Platz. Der heimische Hartriegel blüht zwar nicht im Winter, doch entfacht seine rote Rinde das ganze Jahr über ein Feuerwerk, noch dazu lässt er sich einfacher in eine freiwachsende Hecke integrieren. Die weißen Blüten werden von Käfern, Hummeln und anderen Wildbienen besucht, die schwarzen Beeren sind bei vielen Vögeln beliebt. Die Blüten ernähren die Raupen vom Garten-Bläuling, die Blätter Hartriegelspanner, Pyramideneule, Grünen Zipfelfalter und andere. Der Strauch kann Ausläufer bilden, vor allem bei der Wildform. Zahmer sind die Zuchtsorten.

Steckbrief

- *2,50–3 m hoch und breit, schnittverträglich*
- *weiße Blüten im Juni*
- *schwarze Beeren*
- *Rinde blutrot gefärbt*
- *für Sonne bis Schatten, blüht im Schatten aber weniger*
- *für einen kalkhaltigen, nährstoffreichen Boden, auch für feuchte Standorte*
- *laubabwerfend*

Mein Tipp: Da nur die jungen Äste die leuchtend rote Rindenfärbung zeigen, wird der Strauch im Winter ausgelichtet, also jeder zweite oder dritte Ast bodennah entfernt. Zu diesem Zeitpunkt kann man sicher sein, keine Raupen herauszuschneiden. Da die Äste in der Vase leicht bewurzeln, kann man so Ableger gewinnen.

Sorten:

- 'Anny's Winter Orange': Kompakt, bis 2 m hoch, mit orangefarbener Rinde.
- 'Winter Beauty': Kaum Ausläufer, leuchtend rote Zweige

Gewöhnliche Hasel

Haselnuss

Corylus avellana

Eine Haselnuss braucht man einfach im Garten – und sei es nur, um Staudenstützen aus ihren schnurgeraden Ruten zu schneiden oder Flechtzäune zu bauen. Die Früchte sind natürlich ebenfalls nicht zu verachten und schmecken frisch geerntet einfach am besten. Sie sind auch bei vielen Tieren begehrt – Eichelhäher, Tannenhäher und Eichhörnchen lieben sie und legen sich Vorräte für schlechte Zeiten an. Als Blütengehölz im Vorfrühling ist die Hasel völlig unterschätzt, dabei hat sie eine so gute Fernwirkung. Obwohl sie eigentlich durch den Wind bestäubt wird, sammeln Bienen den reichlich angebotenen Pollen der männlichen Blüten. Falls Sie den Strauch sehr klein halten müssen und er dadurch kaum Früchte trägt, ist das Laub immer noch bei vielen Insekten, besonders Schmetterlingsraupen, ein Grundnahrungsmittel.

Mein Tipp: Die Haselnuss kann mit den Jahren beeindruckend dicke Äste entwickeln und sehr hoch werden, was in kleinen Gärten Schnittmaßnahmen erfordert. Um dennoch Früchte zu erhalten, lassen Sie einige Zweige zur Blüte kommen und schneiden Sie abgeerntete Ruten dicht über dem Boden ab. Der Strauch treibt dann wieder vitale neue Zweige. Sollte die Ansiedlung im Garten dennoch fruchtlos bleiben oder an akutem Platzmangel scheitern, ist die Sorte 'Rasteder Säule' eine gute Wahl, denn sie bleibt sehr schmal, wächst aufrecht und produziert reichlich Nüsse.

Steckbrief

- *ungeschnitten 5–6 m hoch und 3–5 m breit*
- *hübsche männliche Kätzchenblüten im März oder April*
- *weibliche Blüten sind knallrot, aber winzig klein*
- *für einen sonnigen oder halbschattigen Standort*
- *stellt an den Boden keine großen Ansprüche*
- *bildet keine Ausläufer*
- *kann sehr alt werden*
- *schnittverträglich, treibt aus dem Boden immer wieder buschig aus*

Dornige Hauhechel

Ononis spinosa

Dieser wehrhafte, winzige Strauch wächst in der Natur auf Kalkmagerrasen, wo seine Nachbarn nicht viel größer werden, denn er hat es gern sonnig. Im Garten ist er deshalb zwischen Hochstauden verloren und besser im Kiesbeet, Hang- und Steingarten oder neben niedrigen Stauden aufgehoben. Sozialverträgliche Partner sind Färberkamille, Wiesen-Salbei, Ysop oder Echter Ziest. Die Hauhechel wird es Ihnen durch eine lange Blütezeit in zartem Rosa, selten Weiß, danken und Insekten, zum Beispiel Wollbienen, anlocken. Als Raupenfutterpflanze ist der Strauch trotz seines Zwergenwuchses für viele Schmetterlinge ein ganz Großer, mit ein bisschen Glück kommt der hübsche Hauhechel-Bläuling zur Eiablage in Ihren Garten.

Mein Tipp: Setzen Sie gleich mehrere Exemplare der kleinen Hauhechel, damit durchreisende Bläulinge das Angebot nicht ausschlagen können-.

Steckbrief

- *20–40 cm hoch und etwa 50 cm breit*
- *rosafarbene Blüten von Juni bis September*
- *laubabwerfend*
- *liebt einen sonnigen Standort*
- *am besten gefällt ihr ein magerer, warmer Boden, der kalkhaltig sein sollte*
- *bildet eine Pfahlwurzel, daher verträgt sie Trockenheit gut*
- *kann sich selbst aussäen*
- *alte Heilpflanze*

Rote Heckenkirsche

Lonicera xylosteum

Dieses nicht-kletternde Geißblatt mag zwar auf den ersten Blick wenig glamourös daherkommen, ist aber bei vielen Tieren die erste Adresse. Im Garten ist es mit jedem Platz zufrieden und wird nicht allzu groß. Während die Blüte noch relativ unspektakulär über die Bühne geht, aber bei Hummeln hoch im Kurs steht, sind die glänzend roten Beeren eine echte Attraktion. Schade nur, dass man sie nicht essen kann und den Vögeln überlassen muss, die aber gern einspringen. Das Laub kann die Raupen einiger illustrer Schmetterlinge ernähren, wie den Hummelschwärmer und den Kleinen Eisvogel.

Steckbrief

- *1–2 m hoch und breit*
- *hellgelbe Blüten im Mai und Juni*
- *paarweise angeordnete rote Beeren im Herbst*
- *kann sonnig aber auch schattig stehen*
- *stellt an den Boden keine großen Ansprüche*
- *bildet keine Ausläufer*

Mein Tipp: Die Rote Heckenkirsche verträgt sogar winterliche Streusalzattacken und ist damit ideal, falls Ihr Garten an einem öffentlichen Weg liegt, der oft gestreut wird.

- **Sorten und weitere Arten:** 'Clavey's Dwarf': Erreicht nur 1 m Höhe.
- Schwarze Heckenkirsche (*Lonicera nigra*): Bis 2 m hoch. Schwarzblaue, nicht essbare Beeren.
- 'Compactum': Bis 1,20 m hoch.
- Alpen-Heckenkirsche (*Lonicera alpigena*): 1–2 m hoch und bis 1 m breit. Große rote Beeren, paarweise verwachsen.
- Blaue Heckenkirsche (*Lonicera caerulea*): Hübsche heidelbeerfarbene Beeren, die essbar sind. Besonders große Früchte hat die Maibeere oder Kamtschatka-Heckenkirsche (*Lonicera kamtschatica*), die als sibirische Unterart der Blauen Heckenkirsche angesehen wird und als Wildobst punktet.

Roter Holunder

Sambucus racemosa

Der Rote Holunder ist nicht nur in der Natur deutlich seltener anzutreffen als der Schwarze, er wird auch seit jeher in den Gärten äußerst stiefmütterlich behandelt. Während es sein Verwandter auf unzählige bunte Sorten gebracht hat und schon immer der Liebling der Züchter war, gibt es vom Roten Holunder nur wenige Auslesen. Dabei lohnt er sich schon allein wegen seines beeindruckenden rötlichen Blattaustriebs im Frühjahr. Die gelblich weißen Blüten erscheinen kurz darauf.

Im Sommer ist der Kontrast der roten Beeren zum Laub einfach schön – da sie in dichten Trauben hängen, haben sie eine gute Fernwirkung. Die Früchte sind für Vögel kaum zu übersehen und werden gern verspeist.

Steckbrief

- *3–4 m hoch und 2–4 m breit*
- *blüht gelblich weiß im April und Mai*
- *rote Beeren ab Juli*
- *kommt in der Sonne aber auch im lichten Schatten zurecht*
- *mag keine kalkhaltigen Böden*
- *raschwüchsig, aber auch schnittverträglich*

Mein Tipp: Die roten Beeren gelten als ungenießbar, lassen sich aber zu Gelee verarbeiten, wenn Sie die Kerne gründlich heraussieben, denn sie bleiben auch nach dem Kochen noch giftig. Die Sorten mit dem goldgelben Laub sind ein Lichtblick vor dunklen Gehölzen oder Mauern.

Sorten:

- 'Plumosa Aurea': Goldgelbe Blätter. Mit 3–5 m Höhe und 2–4 m Breite eher für größere Gärten oder als strahlender Solitär.
- 'Sutherland Gold': Farnblättriger Gold-Holunder mit hellem Laub. 1,50–2,50 m breit und 2–3 m hoch.

Schwarzer Holunder

Sambucus nigra

Früher durfte der Holunder mit seinen prächtigen weißen Blüten in keinem Garten fehlen. Wegen seiner Größe passt er aber nur mit Mühe auf kleine Grundstücke. Zum Glück haben die Pflanzenzüchter den weißen Riesen gezähmt. Nun sind auch kleinbleibende Sorten und sogar buntlaubige Auslesen im Angebot. Die Blüten werden gern von Schwebfliegen und Käfern besucht – auch schillernde Persönlichkeiten wie den Rosenkäfer kann man mit ihnen anlocken. Die schwarzen Beeren sind besonders bei Vögeln, allen voran Grasmücken, Stare und Drosseln, beliebt. Selbst die wenig grazilen Ringeltauben unternehmen waghalsige Kletterübungen, um an die Früchte zu kommen.

Mein Tipp: Verarbeiten Sie die Blüten zu köstlichem Holundersirup. Die Beeren sind nur gekocht genießbar und schmecken besonders gut als Saft. An älteren Ästen kann ein Pilz auftreten, das essbare Judasohr.

- **Sorten für kleine Gärten:** 'Black Lace': Purpurfarbene, geschlitzte Blätter, schwachwüchsig.
- 'Black Tower': Violettes Laub, säulenförmiger Wuchs, bis 1,50 m breit. Auch für Kübel.
- 'Haschberg': Gute Obstsorte. Kann zur Ertragssteigerung jedes Jahr nach der Ernte stark geschnitten werden.
- 'Pulverulenta': Weißbunte Spielart, bis 1,50 m hoch.
- 'Pygmaea': Ein Zwerg von nur 20 cm Höhe.

Steckbrief

- *freiwachsend 3–5 m hoch und ebenso breit*
- *weiße Hauptblüte im Mai und Juni, schwächere Nachblüte*
- *glänzend schwarze Beeren ab August*
- *bevorzugt Sonne oder Halbschatten, im Schatten weniger Blüten*
- *mag nährstoffreiche, nicht zu trockene Böden*
- *die Blüten sind selbstfruchtbar und nicht spätfrostgefährdet*
- *zum Auslichten abgeerntete Triebe im Herbst schneiden, nicht-fruchtende Triebe für das nächste Jahr am Strauch lassen*

Alpen-Johannisbeere

Ribes alpinum

Trotz des Namens kommt der Strauch überall vor und hält sich gern in Wäldern auf. Man kann ihm nicht nachsagen, dass er sich in den Vordergrund drängt, doch das zuverlässige Gehölz ist in Sonne und Schatten ein Allroundtalent, das sich wechselnden Situationen im Garten spielend anpasst, wenn anfangs kleine Bäume später Schatten werfen. Die Blüten wirken bei Licht betrachtet in der Masse durchaus attraktiv, vor allem, wenn sich Wildbienen wie die Rotpelzige Sandbiene daran tummeln, eine Art, die besonders gern *Ribes*-Arten bestäubt. Die kleinen Früchte sind Vogelfutter und eine gute Ablenkung, wenn die Amseln es auf die Roten Johannisbeeren abgesehen haben.

Mein Tipp: Der Strauch ist zweihäusig. Im Handel ist meist die Sorte mit dem wenig klangvollen Name 'Schmidt' erhältlich. 'Herr Schmidt' wäre passender, denn sie ist männlich und wird keine Früchte ansetzen. Ein zweiter Strauch, wie zum Beispiel die Obstsorte 'Majorenhof', ist ideal.

Steckbrief

- *1,50–2 m Höhe und 1–2 m Breite*
- *zweihäusig, grünlich gelbe Blüten von April bis Mai*
- *rote Beeren*
- *für Sonne bis Schatten*
- *bevorzugt einen nährstoffreichen, nicht zu trockenen, kalkhaltigen Boden*

Sorten:

- 'Frankfurt': Gute Obstsorte, relativ breit, Strauch mit reichlich süßen Früchten.
- 'Majorenhof': Ertragreiche Obstsorte mit süßen Früchten. 1–2 m hoch.
- 'Pumilum': Kleine Form, 1 m hoch.
- 'Schmidt': Kompakter als die Wildform, 0,80–1,80 m breit. Männliche Blüten. Keine Früchte, Befruchter der Obstsorten.

Schwarze Johannisbeere

Ribes nigrum

Die Beeren sind nicht nur lecker und gesund, der gesamte Strauch ist dekorativ mit seinen hübschen, duftenden Blättern. Die Wildform stammt aus Auwäldern, liebt also einen frischen Boden. Daher sollte gemulcht werden. Nicht nur für uns sind die Beeren ein Superfood, auch die Amsel und andere Drosseln lieben die schwarzen Früchte. Damit sie auch reifen, müssen die Blüten bestäubt werden. Ohne einen zweiten Strauch in der Nachbarschaft sind selbstfruchtbare Sorten ideal. Honigbienen und die Rotpelzige Sandbiene (*Andrena fulva*) erledigen die Bestäubung. Das Laub ist Futter für die Raupen des C-Falters und einiger Haarbüschelspanner. In den Ästen lebt der Johannisbeer-Glasflügler.

Mein Tipp: Für einen guten Ertrag schneidet man ältere Triebe regelmäßig heraus. Das kann man nach der Ernte tun oder im Winter. Der Strauch kann sogar im Kübel auf dem Balkon gezogen werden, wenn das Topfvolumen mindestens 25 Liter, auf Dauer 50 Liter umfasst.

Sorten:

- 'Andega': Ertragreich, selbstfruchtend.
- 'Ben Tirran': Breiter, ertragreicher Strauch, spät reifend.
- 'Bona': Kompakter Strauch, bis 1 m breit und 1,20 m hoch.
- 'Öjebyn': Mehltauresistent, gute Obstsorte mit relativ großen Früchten.
- 'Titania': Große Früchte, Reife ab Mitte Juli.

Steckbrief

- *1–2 m hoch und breit*
- *unscheinbare rötliche Blüten von April bis Mai*
- *schwarze essbare Beeren*
- *für Sonne bis Halbschatten*
- *mag einen nährstoffreichen Boden, die Wildart verträgt feuchte Böden*
- *gelbe Herbstfärbung*

Kornelkirsche

Cornus mas

Steckbrief

- *wächst langsam – ohne Schnitt wird die Wildform 3–6 m hoch und 3–5 m breit*
- *blüht sehr früh im Februar und März in Gelb*
- *mag Sonne oder Halbschatten*
- *verträgt keine staunassen, verdichteten Böden, sondern bevorzugt kalkhaltige, humose Gartenerde, wie sie durch regelmäßige Kompostgaben entsteht*
- *bildet keine lästigen Ausläufer*

Die sommergrüne Kornelkirsche ist das Universalgenie unter den heimischen Gehölzen – mit einer guten Schere lässt sie sich jeder Gartengröße anpassen. Als Formschnitthecke ist sie ebenso geeignet wie als Hausbaum. Gute Baumschulen bieten zum Hochstamm erzogene Sämlinge mit Kugel- oder Pyramidenkrone an, die sich bestens mit Stauden unterpflanzen lassen. Im Vorfrühling stiehlt die Kornelkirsche mit ihrer attraktiven gelben Blüte jeder Forsythie die Schau, steht aber bei Bienen aufgrund der frühen Blütezeit als Erstnahrung deutlich höher im Kurs. Ab September produziert sie leckere knallrote Früchte, die sich zu Marmelade verarbeiten lassen, wenn sie nicht zuvor von Vögeln verspeist wurden.

Mein Tipp: Für kulinarische Zwecke sind die großfrüchtigen Züchtungen wie 'Jolico', 'Kazanlak' oder 'Schönbrunner Gourmet-Dirndl' eine echte Offenbarung. Die Früchte sind nicht nur viel größer, sondern vor allem süßer. Damit diese Veredelungen ausreichend Früchte ansetzen, sollte die Wildform in der Nachbarschaft stehen. Der samenvermehrte Naturbursche ist dagegen selbstfruchtbar.

Sorten:

- 'Alba': weiße Früchte.
- 'Aurea': gelbes Laub, schwächerer Wuchs.
- 'Elegantissima': gelbbuntes Laub, schwachwüchsig.
- 'Pyramidalis': schmaler als die Wildform.
- 'Variegata': weiß gerandete Blätter, schwachwüchsig.
- 'Yellow': gelbe Früchte – Kornelkirschen-Marmelade einmal anders.

Echter Kreuzdorn

Rhamnus cathartica

Der Echte Kreuzdorn, auch Purgier-Kreuzdorn genannt, ist der große Bruder vom Faulbaum und auch hier legt der Zitronenfalter Eier am Laub ab. Da die Raupen sich am liebsten gut getarnt direkt auf die Mittelrippe der Blätter setzen, findet man sie nur bei gezielter Suche. Gesellschaft bekommen sie von einigen Kreuzdorn-Blattspanner-Arten, dem Faulbaum-Glasflügler, dem Schwan, dem Kreuzdorn-Zipfelfalter und weiteren Falterarten. Die Blüten sind wenig spektakulär und genauso tarnfarbig wie die Zitronenfalterraupen, werden aber gern von Käfern, Schwebfliegen, Hummeln und anderen Bienen besucht. Lässt man dem Gehölz freie Bahn, wächst es baumartig, bietet mit seinen dornigen Ästen einen geschützten Brutplatz und ist im Herbst ein Fest für die Vögel, wie Stare, Amseln und andere Drosseln, die die schwarzen Beeren futtern.

Mein Tipp: Da der Kreuzdorn Ausläufer bilden kann, macht er als Hangbefestiger einen guten Job oder in einer Vogelschutzhecke. In jungen Jahren lässt er sich noch gut schneiden, verträgt dies später aber immer weniger gut, daher muss man ihn in Würde altern lassen. Dafür punktet er mit einer guten Trockenheitsverträglichkeit und ist der Vorzeigestrauch für die Artenvielfalt im Garten.

Steckbrief

- *2–5 m noch und breit*
- *unscheinbare grünliche Blüten von Mai bis Juni*
- *schwarze giftige Beeren*
- *für Sonne bis Halbschatten*
- *für jeden nicht zu trockenen Boden, verträgt auch feuchte Böden, kalkliebend*
- *gelbe Herbstfärbung*
- *Tiefwurzler*

Gewöhnlicher Liguster

Ligustrum vulgare

Das hat der Liguster nun davon, dass er so robust und genügsam ist: Meistens sieht man ihn in Kastenform zur formalen Hecke geschnitten. Das macht er auch richtig gut, selbst als niedrige Beeteinfassung in Buchsbaumgröße gibt er sich noch zufrieden. Eine Ligusterhecke ist somit ideal für kleine Gärten, da sie sich ganz besonders schmal halten lässt. Sie ist sehr blickdicht, verzweigt sich gut und behält in milden Wintern ihr Laub, je nach Sorte. Lässt man sie ein bisschen lockerer und schneidet nicht ganz so streng, blüht und fruchtet sie sogar, sehr zur Freude der Tierwelt. Frei wachsend in einer gemischten Blütenhecke kann der Liguster seine Trümpfe am besten ausspielen, als Bienenweide und Brutplatz dienen sowie Beeren für hungrige Vögel bereitstellen. Manchmal findet man am Laub sogar die auffälligen Raupen des Ligusterschwärmers oder anderer Schmetterlingsarten.

Mein Tipp: Abgeschnittene Zweige bewurzeln im Wasserglas leicht. Selbst im kleinsten Beet oder im Kübel lässt sich so noch ein selbst gezogenes Mini-Bäumchen mit Kugelkrone unterbringen.

Sorten:

- 'Atrovirens': Das Laub hält im Winter besonders lang.
- 'Liga': Kompakte Wuchsform, gut wintergrün.
- 'Lodense': Zwergform. Ideal als Buchsersatz.

Steckbrief

- *ohne Schnitt 2–5 m hoch und 2–3 m breit*
- *weiße, duftende Blüten im Juni oder Juli*
- *erbsengroße schwarze Beeren im Herbst, die giftig sind*
- *mag Sonne oder Halbschatten*
- *stellt keine Ansprüche an den Boden*

Zwerg-Mehlbeere

Sorbus chamaemespilus

Die Zwerg-Mehlbeere ist ein kleiner Strauch, den nicht jeder im Garten hat. Sie ist einheimisch, aber trotzdem noch sehr exklusiv und ein wahrer Alleskönner: Nach den schönen rosafarbenen Blüten, die von Bienen, Käfern, Fliegen und Wespen besucht werden und über glänzend grünem Laub erscheinen, reifen knallrote Früchte, die aussehen wie kleine Äpfel. Sie sind essbar und können ganz ohne Leiter bequem geerntet werden. Während man die Wildbestände dieser Pflanze lieber nicht plündern sollte, kann man im Garten beherzt zugreifen – oder die Beeren den Vögeln überlassen. Der Strauch bleibt praktischerweise immer im handlichen Format, sodass die Schere nahezu arbeitslos wird. Das Zuhause dieser kleinsten aller Mehlbeeren sind die Gebirge Mitteleuropas, daher kennt sie sich bestens mit steinigen Gartenbereichen aus und kann an Mauern oder in Kiesbeete gepflanzt werden.

Steckbrief

- *1–2 m hoch und 0,50–1 m breit*
- *Blüten in Rosa ab Mai oder Juni*
- *rote Beeren ab August oder September*
- *laubabwerfend*
- *liebt Sonne und Wärme*
- *kommt gut mit steinigen, trockenen Böden zurecht, mag aber keine Staunässe*

Mein Tipp: Wenn es etwas höher hinausgehen soll, wählen Sie die Zwerg-Mehlbeere als Stämmchen, dann schweben Blüten und Beeren auf 1 m Höhe über dem Blumenbeet.

Pfaffenhütchen

Euonymus europaeus

Dieser Strauch ist den Großteil des Jahres eine graue Maus, dreht aber im Spätsommer so richtig auf, wenn die namensgebenden Früchte reifen, die zu Recht den Spitznamen Rotkehlchenbrot tragen. Auch Mönchsgrasmücken futtern mit, wobei nur der orangefarbene Anteil der Früchte gefressen wird, so bleiben die leeren roten Hüllen im Winter noch lange dekorativ hängen. Im Herbst gibt es eine aufsehenerregende Laubfärbung, die ganz wunderbar zu den roten Samenkapseln passt.

Steckbrief

- *2–5 m hoch und 2–3 m breit, lässt sich durch Schnitt kleiner halten*
- *kleine weiße Blüten im Mai oder Juni*
- *orangerote, giftige Früchte*
- *Sonne oder Halbschatten, die Herbstfärbung ist bei sonnigem Stand schöner*
- *mag nährstoffreiche, nicht zu trockene kalkhaltige Böden*
- *verträgt gelegentliche Überschwemmung*

Mein Tipp: Du kriegst die Motten – im Mai und Juni wird die Pflanze manchmal von Raupen der Pfaffenhütchen-Gespinstmotte geplagt, die einen kollektiven Kahlfraß veranstalten. Schneiden Sie die Gespinste frühzeitig heraus. Sie sind für den Menschen ungefährlich. Eine Bekämpfung mit Pflanzenschutzmitteln ist nicht nötig, der Strauch treibt tapfer neue Blätter.

Sorten und weitere Arten:

- 'Albus': Weiße Fruchtkapseln.
- 'Atropurpureum': Dunkelrotes Laub.
- 'Brilliant': Schmaler Wuchs. Rosafarbene Früchte.
- 'Red Cascade': Größere und zahlreichere Früchte als bei der Wildart.
- Breitblättriges Pfaffenhütchen (*E. latifolius*): Aus den Alpen, bis 3 m hoch.
- Flachstieliger Spindelstrauch (*E. planipes*): Aus Asien, Früchte dennoch bei Vögeln gefragt. 2–5 m hoch und 1,50–3 m breit, auch als Stämmchen. Lässt sich besser mit Stauden unterpflanzen, da nicht so flachwurzelnd.

Gewöhnliche Pimpernuss

Staphylea pinnata

Die Pimpernuss ist eine heimische Pflanze mit Migrationshintergrund: Während der Eiszeit rettete sie sich in wärmere Gefilde, nun kehrt sie ganz langsam nach Mitteleuropa zurück. Wir Gartenbesitzer können ihr dabei behilflich sein, denn sie hat viel zu bieten. Aus den hübschen Blüten, die eine gute Bienenweide sind, wachsen aufgeblasene Früchte, die zur Reife lustig klappern können. Die in den Hülsen befindlichen Nüsse sind bei Tieren begehrt, können aber auch in der Küche Verwendung finden – früher nannte man sie daher auch Wald-Pistazien. Als wären das noch nicht genug Tugenden, legt die Pimpernuss noch eine schöne Herbstfärbung oben drauf.

Mein Tipp: Wenn Ihr Strauch genug Früchte trägt, können Sie die Nüsschen aus den Kapseln holen, sobald sie anfangen zu klappern. Dann werden sie mit einem Hammer geknackt und das Innere in der Pfanne geröstet, bis alles goldbraun geworden ist – fertig ist eine kleine Knabberei.

Steckbrief

- *2–4 m hoch und 1,50–3 m breit*
- *hängende kleine weiße Blüten in Rispen im Mai oder Juni*
- *die Früchte reifen ab September*
- *Sonne oder Halbschatten*
- *mag nährstoffreichen Lehmboden, aber keine Staunässe*
- *wärmeliebend und daher nicht für Höhenlagen über 600 m geeignet*
- *in der Natur an warmen Hängen und Waldrändern zu finden*

Bereifte Rose

Rosa glauca

Während bei anderen Pflanzen erst mühsam durch Züchtung rotblättrige Auslesen entstanden sind, ist diese heimische Wildrose von Hause aus mit einer ungewöhnlichen Laubfarbe ausgestattet. So schön und extravagant ist dieser Strauch, dass es keinen Grund gab, ihn züchterisch verbessern zu wollen, weshalb so gut wie keine Sorten bekannt sind. Bei so viel Originalität kann man großzügig darüber hinwegsehen, dass die rosa-weißen Blüten, die von Bienen, Hummeln und Käfern besucht werden, relativ klein sind und nur einmal im Jahr erscheinen. Diese Rose behängt sich ab Spätsommer großzügig mit leuchtenden Hagebuttenfrüchten, die gern von Vögeln verspeist werden, und punktet mit ihrer Anspruchslosigkeit.

Mein Tipp: Es ist einfach verführerisch, diese Rose mit anderen purpurfarbenen Pflanzen zu kombinieren, etwa mit der Fetthenne 'Matrona', dem Holunder 'Black Tower', der Gewöhnlichen Berberitze 'Atropurpurea' oder dunklem Salbei (*Salvia officinalis* 'Purpurascens'). Als kontrastierende Farbe bietet sich auch sehr helles, fast pastellfarbenes Gelb an, wie es die Duftende Nachtkerze (*Oenothera odorata* 'Sulphurea') zeigt.

Steckbrief

- *2–3 m hoch und 1–3 m breit, schnittverträglich*
- *kleine, ungefüllte Blüten im Juni oder Juli, pink mit weißer Mitte*
- *rote, kugelige Hagebutten*
- *wenig Stacheln*
- *für Sonne oder Halbschatten*
- *gedeiht auch noch auf trockenen, mageren Böden*
- *keine Ausläufer*

Essig-Rose

Rosa gallica

Der Name der Rose ist nun wirklich nicht schön, ihre Blüten dagegen umso mehr. Zum Glück riechen sie nicht nach Essig, sondern locken mit einem der betörendsten Düfte im Rosenreich, was auch viele Insekten mögen. *Gallica*-Sträucher bleiben praktischerweise relativ klein und eignen sich so auch für beengte Verhältnisse und niedrige, schmale Hecken. Werden sie zu groß, lassen sie sich ohne Probleme beschneiden. Da diese Rose nur einmal blüht, entfällt das Ausputzen – stattdessen dürfen Sie sich auf schönen Hagebuttenschmuck für die Vögel freuen.

Mein Tipp: Achten Sie bei den Sorten darauf, ob die Rose veredelt wurde, denn dann treibt sie keine lästigen Ausläufer. Andererseits gibt es kaum einen Gärtner, der sich nicht über einen mitgebrachten Ableger einer duftenden *Gallica*-Rose freuen würde.

Sorten:

- 'Conditorum': Rosarote, gefüllte Blüten. Viele Hagebutten.
- 'Officinalis': Apothekerrose, historische Sorte. Gefüllte Blüten, die aber reichlich Pollen liefern und auch Hagebutten ansetzen.
- 'Versicolor': Mutation der Apothekerrose mit rosa-weiß gestreiften Blüten.
- 'Violacea': Dunkle, große Blüten, leicht gefüllt.

Steckbrief

- *die Wildform erreicht nur 0,50–1,50 m Höhe und 1–3 m Breite*
- *ungefüllte, große Blüten in Rosa im Juni oder Juli, einmalblühend*
- *rundliche, orangefarbene Hagebutten*
- *leicht bestachelte Triebe*
- *bevorzugt einen sonnigen Stand, nimmt aber auch mit Halbschatten vorlieb*
- *für humose Böden, verträgt Trockenheit*
- *die Wildform treibt Ausläufer*
- *gute Blattgesundheit und Winterhärte*

Wein-Rose

Rosa rubiginosa

Dieser Strauch ist eine echte Kratzbürste und eignet sich als wehrhafte Dornröschenhecke. Die Wein-Rose wächst aufrecht und platzsparend – dabei hält sie nach meiner Erfahrung sogar einem Sommergewitter stand ohne auseinanderzufallen. Etwas ganz Besonderes ist ihr Laub, das beim Zerreiben ein wunderbares Apfel-Aroma verströmt. Damit kompensiert sie den eher schwachen Blütenduft. Mit dem Geruchstest der Blätter lässt sie sich auch im Feld leicht von einer Hunds-Rose unterscheiden. Wie bei allen Wildrosen sind die Blüten für Hummeln erste Wahl. Die Wein-Rose produziert reichlich Hagebutten für den Wintervorrat der Gartenvögel.

Mein Tipp: Die Wein-Rose ist durch die fehlende Ausläuferbildung pflegeleicht. Falls sie zu ausladend wird, können Sie sie auslichten, indem Sie ältere Triebe bodennah herausschneiden.

Sorten:

- 'Amy Robsart': Kreuzung mit Rosa foetida, dunkelrosa Blüten, leicht gefüllt und gute Fernwirkung.
- 'Duplex': Leicht gefüllte rosafarbene Blüten, viele Früchte.
- 'Hebe's Lip': Historische Hybride mit der Damaszener-Rose. Weiße Blüten, die duften.
- 'Magnifica': Pinkfarbene Hybride mit halbgefüllten Blüten und Duft.

Steckbrief

- *2–3 m hoch und ebenso breit, durch Schnitt kleiner zu halten*
- *kleine rosafarbene Blüten mit weißem Zentrum im Juni*
- *einmalblühend, aber lange Blütezeit*
- *längliche, orangefarbene Hagebutten, lange haltbar*
- *Duftpflanze*
- *Sonne oder Halbschatten*
- *anspruchslos an den Boden, verträgt Trockenheit*
- *gute Blattgesundheit*
- *keine Ausläufer*
- *sehr winterhart*

Gewöhnlicher Schneeball

Viburnum opulus

Mit seinen großen weißen Blüten kann der Schneeball es locker mit jeder Teller-Hortensie aufnehmen. Durch die außenliegenden sterilen Schaublüten wirkt der Blütenstand sehr attraktiv und so exotisch, dass man ihn der heimischen Flora fast nicht zutraut. Besonders Fliegen und Käfer mögen ihn. Im Hochsommer reifen die roten Beeren, die oft bis zum nächsten Frühling am Strauch hängen und den Garten lange zieren. Die Früchte werden zwar von Vögeln gefressen, seien Sie aber nicht enttäuscht, wenn das Angebot scheinbar nicht angenommen wird. Gimpel holen sich gern ein paar Beeren, aber eigentlich spart sich der Schneeball auf für winterliche Zugvögel aus dem hohen Norden, die Seidenschwänze. Diese können als Schwarm in Kürze den kompletten Strauch leer fressen.

Steckbrief

- *3–4 m hoch und ebenso breit*
- *weiße Blüten im Mai und Juni*
- *rote ungenießbare Beeren*
- *schöne Herbstfärbung*
- *für Sonne oder Halbschatten*
- *mag nährstoffreiche, nicht zu trockene Böden*
- *bei zu trockenem Stand Blattlausbefall, welcher der Pflanze aber nicht schadet*

Mein Tipp: Die beliebte Gartensorte 'Roseum' mit den weißen Kugelblüten, die so richtig wie Schneebälle aussehen, produziert kaum Nektar oder Früchte und ist damit für die Tierwelt weitestgehend uninteressant. Wählen Sie daher ungefüllte Formen.

Sorten:

- 'Compactum': Zwergform, nur 1 m hoch. Auch auf Stämmchen veredelt erhältlich.
- 'Xanthocarpum': Gelbe Früchte, schwachwüchsiger als die Art, 2–3 m hoch.

Wolliger Schneeball

Viburnum lantana

Seine schon im Herbst angelegten Blütenknospen sehen aus wie ein wolliger Hasenkopf. Die Blüten müffeln etwas, dafür sind die Blätter kuschelweich behaart. Der große Strauch braucht Platz, in kleinen Gärten sind eher schwachwachsende Sorten zu empfehlen. So ausladend er auch wird, so groß ist das Interesse der Gartentiere an dieser Pflanze: Die großen weißen Blüten werden unter anderem von Schmetterlingen, Käfern wie Stolperkäfer und Rosenkäfer (Bild), Schwebfliegen, der Rotbürstigen Sandbiene oder der Honigbiene besucht.

Amseln und andere Drosseln mögen die dekorativen Früchte. Am Laub fressen der Schneeball-Wickler oder die hübsche Schneeball-Miniermotte, die gestreift ist wie ein braun-weißes Minizebra. Der Schneeball-Glasflügler entwickelt sich in den Ästen, an den Blüten und Beeren lebt die Raupe vom Einbindigen Traubenwickler.

Mein Tipp: Der Wollige Schneeball ist perfekt für die Hangbefestigung. Er kann im Winter ausgelichtet werden.

Sorten:

- 'Aureum': Gelbgrünes Laub, im Austrieb gelb.
- 'Mohican': Kleiner als die Art, nur 2,50 m hoch mit mehr Blüten.
- 'Variegatum': Gelb gefleckte Blätter.

Steckbrief

- *2–4 m hoch und breit*
- *10 cm große weiße Blüten von Mai bis Juni*
- *rote, leicht giftige Früchte ab August, die sich bis zum Herbst schwarz färben*
- *für Sonne bis Halbschatten oder lichten Schatten*
- *kalkliebend, aber anspruchslos an den Boden, solange er nicht staunass ist*
- *sommergrün*
- *schöne Herbstfärbung*
- *Flachwurzler*

Gewöhnlicher Seidelbast

Daphne mezereum

Der Seidelbast ist ein alter Giftzwerg, aber ein ausgesprochen hübscher. Durch sein handliches Format, seine frühe Blüte und die im Sommer erscheinenden roten Beeren kommt der kleine Strauch im Staudenbeet oder Steingarten ganz groß raus. Er ist das einzige heimische Gehölz, bei dem die Blüten direkt am Stamm erscheinen. Frühe Schmetterlingsarten (Kleiner Fuchs, Zitronenfalter, Tagpfauenauge) und auch Bienen lieben sie. Die Beeren werden trotz ihrer Giftigkeit gern von Vögeln gefressen.

Steckbrief

- *wächst langsam und aufrecht: nur 1–1,50 m hoch und 1–1,25 m breit*
- *duftende rosafarbene Blüten im März und April, mitunter schon im Februar*
- *sommergrün, das Laub erscheint nach der Blüte*
- *knallrote Beeren im Hochsommer*
- *lichter Schatten oder Halbschatten, eher kühler Standort*
- *für nährstoffreiche, nicht zu trockene kalkhaltige Böden*
- *alle Pflanzenteile sind stark giftig*

Mein Tipp: Pflanzen Sie den Strauch als Solitär inmitten von kleinen Stauden, dann kommt er am besten zur Geltung. Der absonnige Vorgarten ist ein schöner Platz für den Seidelbast, aber nur, wenn dort keine Kinder unbeaufsichtigt Zugang haben, für die seine Beeren verlockend wären.

Sorten:
- fo. alba: Weiße Blüten und gelbe Beeren.
- 'Rubra': Blüten in einem dunkleren Rosa als bei der Art.
- 'Rubra Select': Wie 'Rubra', Blüten zahlreicher.

Stachelbeere

Ribes uva-crispa

Die wilde Stachelbeere ist kaum bekannt, aber als robuster kleiner Strauch macht sie sich im lichten Schatten unter laubabwerfenden Gehölzen gut. Die Beeren sind zwar kleiner als bei den Zuchtsorten, doch ebenso essbar und aufgrund der geringen Größe bei Vögeln beliebter. Obwohl Stachelbeeren ihre kleinen, unauffälligen Blüten nicht zur Schau stellen, werden sie von Hummeln, Schwebfliegen und der Fuchsroten Sandbiene (*Andrena fulva*) besucht. Das Laub wird von mehreren Schmetterlingsarten genutzt, darunter der wunderschöne Stachelbeerspanner. An meinem Strauch konnte ich einmal Raupen des C-Falters finden. Die Insekten sind allesamt nicht wählerisch und nehmen die Zuchtsorten ebenfalls gern an.

Mein Tipp: Die Ertragssorten der Stachelbeere sind auch als veredeltes Stämmchen erhältlich. Sie können die Beeren dann ganz bequem ernten und den Strauch mit kleinen Stauden unterpflanzen. Stecken Sie gleich einen stabilen Pfahl tief mit ins Pflanzloch, denn die Stämmchen sind bis ins hohe Alter auf eine Stütze angewiesen.

Sorten:

- 'Hinnonmäki Gelb': Gelbliche Beeren, früh reifend. Stark bestachelt.
- 'Invicta': Grüngelbe Beeren.
- 'Redeva': Rote Früchte, die nur gering behaart sind.

Steckbrief

- *die Wildform wird 1 m hoch und ebenso breit*
- *unscheinbare Blüten von April bis Mai*
- *kleine, essbare Beeren ab Juli*
- *Zweige stark bestachelt*
- *braucht einen sonnigen bis halbschattigen Platz*
- *gedeiht auf nährstoffreichen, gerne lehmigen Böden*
- *bildet keine Ausläufer*

Gewöhnliche Stechpalme

Ilex aquifolium

Zugegeben, dieses wehrhafte immergrüne Gehölz, das im Unterwuchs der Wälder vorkommt, macht sich nicht leicht Freunde. Das bedornte Laub ist nur mit dicken Handschuhen zu bändigen, doch brütende Vögel schätzen gerade diese Eigenschaft sehr. Es gibt zwar auch zahme, dornenlose Sorten, doch für Vögel ist das nur der halbe Spaß. Die Stechpalme ist zweihäusig, die roten Beeren tragen also nur die Weibchen und auch nur mit einem männlichen Exemplar in der Nähe. Doch erst die Beeren machen einen *Ilex* so richtig attraktiv. Das finden auch die Vögel und so sieht man im Winter Amseln, Rotkehlchen, Mönchsgrasmücken und Rotdrosseln an den Früchten. An den Blättern kann die Ilex-Minierfliege auftreten, was im Naturgarten nicht stört.

Mein Tipp: Da die Stechpalme sehr schnittverträglich ist, eignet sie sich als Heckenpflanze genauso wie als Solitär und kann leicht zu einem baumartigen Wuchs getrimmt werden.

Steckbrief

- *4–7 m hoch, 2–4 m breit*
- *unscheinbare weiße Blüten von April bis Mai*
- *weibliche Pflanzen bilden rote Steinfrüchte, die bis in den Winter an der Pflanze bleiben*
- *immergrün mit dornspitzigen Blättern*
- *für Sonne bis Schatten*
- *bevorzugt einen humosen, nicht zu trockenen Boden*

Sorten:

- 'Alaska': 3–5 m hoch und 2–3 m breit, sehr schnittfest.
- 'J. C. van Tol': Weitgehend stachellos, für Hecken gut geeignet.
- 'Pyramidalis': Säulenförmig, 3–4 m hoch und 2–4 m breit.
- 'Rubricaulis Aurea': Grüne Blätter mit gelbem Rand.

Immerblühende Mandel-Weide

Salix triandra 'Semperflorens'

Weiden sind für kleine Gärten vielleicht nicht die erste Wahl, da sie nur einmal kurz blühen und dann einfach nur noch mit üppigem Grün beruhigen. Geben Sie dieser fantastischen Sorte aber eine Chance, denn sie blüht wie der Name andeutet die ganze Saison über mit schönen gelben Blüten, denn 'Semperflorens' ist ein Männchen. Bienen haben also ihre helle Freude an diesem Strauch, der länger blüht als die Flugzeit der Weidenspezialisten unter den Wildbienen dauert. Wenn die Weiden-Sandbiene, die Frühlings-Seidenbiene und die Frühe Sandbiene mit ihrem Brutgeschäft fertig sind, gehört die Weide ganz den Honigbienen, Schmetterlingen und Hummeln. Außerdem tummeln sich Schmetterlingsraupen am Weidenlaub wie die Zackeneule oder der Weiden-Glasflügler.

Mein Tipp: Die Äste dieser Weide sind sehr gutes Material zum Korbflechten. Da sich der Strauch durch Schnitt kleiner halten lässt, hat man immer genug frisches Material für Flechtzäune, Körbe und Rankgerüste, je nach Bedarf und Geschick.

Steckbrief

- *2–6 m hoch, 2–4 m breit, schnittverträglich*
- *sehr schlanke Weidenkätzchen mit gelbem Pollen von April bis Oktober, männliche Sorte*
- *laubabwerfender Strauch bis kleiner Baum mit schmalen Blättern*
- *für Sonne bis Halbschatten*
- *mag einen feuchten Boden, toleriert aber auch trockene Standorte*
- *schöne Herbstfärbung*
- *Vermehrung durch Stecklinge*
- *Flachwurzler*

Hängende Sal-Weide

Salix caprea 'Pendula'

Diese veredelte Sal-Weide (auch Kätzchen-Weide) mit den gen Boden strebenden Zweigen hat von Gleichberechtigung noch nichts gehört, denn es werden ausschließlich männliche Exemplare angeboten. Deren Blüten sind aber auch viel schöner mit ihren gelben Pollenpaketen an kuschelweichen grauen Kätzchen, die Hummeln, Hummelschwebern, Bienen und auch Schmetterlingen sehr gelegen kommen. Mit ein bisschen Glück können Sie sogar die Weiden-Sandbiene (*Andrena vaga*) in Ihrem Garten beobachten. Die Blätter ernähren die Raupen zahlreicher Falterarten, einer der spektakulärsten ist sicher das Abendpfauenauge. Mitunter kann man auch die wenig wählerischen Larven des hübschen C-Falters finden. Die Samenproduktion entfällt, was jegliches Jäten von Weidensämlingen überflüssig macht.

Steckbrief

- *während die Wildform 10 m hoch werden kann, ist bei dieser Stamm-Veredelung spätestens bei 1,50 m Schluss*
- *sehr frühe gelbe Blüten ab März*
- *sonnige bis halbschattige Standorte*
- *nicht auf zu trockene Böden pflanzen, ansonsten anspruchslos*
- *auch für große Kübel geeignet*

Mein Tipp: Diese Weide benötigt ein strenges Regime, damit das Bäumchen auch im nächsten Jahr wieder üppig blüht. Schneiden Sie die hängenden Zweige am besten direkt nach der Blüte stark zurück. Lässt man dem Strauch alles durchgehen, reichen die Triebe bald bis zum Boden und verschatten darunter wachsende Stauden zu sehr.

Weitere kleinbleibende Weiden:

- Alpen-Weide (*Salix alpina*): Nur bis 40 cm hoch.
- Kriech-Weide (*Salix repens*): Nur 1 m hoch, aber bis 1,50 m breit.
- Kugel-Weide (*Salix purpurea* 'Nana'): Bis 1,50 m hoch. Schön buschig wachsend.

Eingriffeliger Weißdorn

Crataegus monogyna

Bei Tieren ist der Weißdorn einer der gefragtesten Wildsträucher überhaupt und bietet Vögeln Vollpension: In den bedornten, dichten Trieben lässt es sich gut brüten und verstecken, während sich am Laub Schmetterlingsraupen finden lassen. Die zahlreichen weißen Blüten mit guter Fernwirkung locken Insekten an, vor allem Wildbienen und Schwebfliegen. Schließlich reifen die roten Beeren und schmecken vielen Vogelarten, wie Mönchsgrasmücken, Sperlingen, Drosseln und Seidenschwänzen. Auch für den Gärtner hat der Weißdorn durch Blüte und Fruchtschmuck viel zu bieten und ist durch seine Schnittverträglichkeit leicht formbar: Vom Hausbaum mit 2 m Stammhöhe bis zur Hecke ist alles machbar.

Steckbrief

- *die Wildform wird 5–8 m hoch und 5–6 m breit*
- *weiße Blüten im Mai und Juni*
- *rote essbare Früchte ab Hochsommer*
- *laubabwerfend mit gelbem Herbstlaub*
- *für jeden Standort, sonnig bis schattig*
- *liebt einen nährstoffreichen, kalkhaltigen Boden*
- *wurzelt sehr tief, daher gut trockenheitsverträglich*

Mein Tipp: Der Geruch der Blüten ist nicht jedermanns Sache. Riechen Sie sicherheitshalber vor dem Pflanzen einmal Probe und setzen Sie das Gehölz bei Nichtgefallen etwas weiter weg von der Terrasse.

Sorten:

- 'Compacta': Kugel-Weißdorn. Hochstamm, 2–4 m hoch und 1,50–3 m breit. Idealer Hausbaum.
- 'Flexuosa': Korkenzieher-Weißdorn mit gedrehten Trieben. Schwachwachsend, nur bis 3 m hoch und breit.
- 'Stricta': Säulenform von 6–7 m Höhe, aber nur 2–3 m Breite. Auch als Hochstamm erhältlich.

Zweigriffeliger Weißdorn

Crataegus laevigata

Dieser Weißdorn ist dem Eingriffeligen sehr ähnlich, er unterscheidet sich in kleinen Details von seinem Zwillingsbruder, unter anderem hat er zwei Griffel in der Blütenmitte anstatt einem. Diese kann man oft sogar noch an der reifen Frucht sehen, die gern von Vögeln verspeist wird. Die Art ist aber nicht doppelt so gut wie sein Verwandter, beide sind sich in ihrem Nutzen für Tiere sehr ähnlich. Bei Nachtfalterraupen ist dieser Strauch beliebt, die Blüten werden von Bienen und Rosenkäfern besucht. Der Strauch eignet sich für eine Hecke genauso wie als Solitär. Diese Art zeichnet sich dadurch aus, dass sie gern zu einem kleinen Baum mit runder Krone heranwächst, sie passt also auch sehr gut als Hausbaum in kleine Gärten.

Mein Tipp: Die als Rotdorn bekannte Sorte 'Paul's Scarlet' ist als Hausbaum beliebt, blüht aber gefüllt. Damit ist er zwar so spektakulär wie ein baumgewordener Rosenstrauch, für Bienen aber wertlos. Es gibt auch ungefüllte rötliche Sorten.

Sorten:
- 'Crimson Cloud': Rote Blüten mit weißer Mitte, hängende Äste, 4–5 m hoch und 2–4 m breit.
- 'Punicea': Rote Blüten mit weißer Mitte, 5 m hoch und 4 m breit.

Steckbrief
- *5–7 m hoch, 3–6 m breit, schnittverträglich*
- *weiße Blüten im Mai*
- *rote Beeren*
- *dornige Zweige*
- *für Sonne bis Halbschatten*
- *mag einen humosen, mäßig trockenen Boden ohne Staunässe*
- *gelbe Herbstfärbung*
- *Tiefwurzler, braucht offenen Wurzelraum, der nicht eingeengt wird durch eine Pflasterung*

Kopf-Zwergginster

Chamaecytisus supinus

Dieser kleine Strauch heißt so, weil ihm die Blüten zu Kopf steigen, also nur an den Triebenden auftreten. Er ist von den heimischen gelbblühenden Zwergginstern der mit der längsten Blütezeit – die Hummeln haben in ihm also einen treuen Freund und eine verlässliche Futterquelle. Durch seinen von Natur aus buschigen, rundlichen Wuchs sind seine Einsatzgebiete vielfältig – im sonnigen Blumenbeet oder Kiesgarten, auf Mauerkronen, bei der Dachbegrünung und sogar als niedrige Hecke können Sie die Pflanze verwenden.

Mein Tipp: Der Kopf-Zwergginster kann sogar im Kübel gehalten werden, wo er durch seinen geringen Durst sehr pflegeleicht ist. Im Beet stehen ihm Königskerzen, Gold-Garbe und Färberkamille als Nachbarn gut, da sie alle in warmen Farben blühen.

Weitere Arten:

- Österreichischer Geißklee (*Chamaecytisus austriacus*): 50–70 cm hoch, blüht gelb von Juni bis August. Für einen nährstoffarmen, warmen Platz an der Sonne.
- Regensburger Zwergginster (*Chamaecytisus ratisbonensis*): Bis 50 cm hoch, gelbblühend im April und Mai. Für magere, trockene Böden in voller Sonne.

Steckbrief

- *40–100 cm hoch und 70–150 cm breit*
- *gelbe Blüten von Mai bis August, mitunter schon ab April*
- *wollig behaarte Schoten*
- *an warmen Standorten mitunter immergrün, meist aber laubabwerfend*
- *für einen sonnigen Standort, verträgt auch Halbschatten*
- *für trockene, lehmige Böden, die steinig und nährstoffarm sein dürfen*
- *giftig*

Purpur-Zwergginster

Chamaecytisus purpureus

Dieser auch Rosenginster genannte Gehölz-Zwerg ähnelt der Dornigen Hauhechel, ist aber unbewaffnet und geht mehr in die Breite. Durch seine Neigung, lange Zweigausleger zu bilden, eignet sich dieser Zwergginster sehr gut für Mauerkronen, wo er seine Äste wasserfallartig hängen lassen kann. Auch im Kiesgarten ist der niedrige Strauch eine gute Wahl, solange die verwendeten Steine kalkhaltig sind. Im Vordergrund vor Wildrosen – stets auf der Sonnenseite – können Sie den Purpur-Zwergginster ebenfalls verwenden. Im Mai erblüht der ganze Strauch in traumhaftem Rosa, was vor allem Hummeln sehr zu schätzen wissen. Die Gießkanne wird bei ihm arbeitslos.

Steckbrief

- *40–60 cm hoch und 60–100 cm breit*
- *blüht rosafarben von Mai bis Juni*
- *schwarze giftige Schoten*
- *laubabwerfend*
- *für einen sonnigen Platz*
- *verträgt jeden eher kalkhaltigen Boden, solange er durchlässig ist*
- *kommt mit Trockenheit und magerem Boden zurecht*

Mein Tipp: Farblich passend und auch für Insekten äußerst verlockend ist eine Kombination mit Zier-Lauch oder dem starkwüchsigen Purpur-Schnittlauch (*Allium schoenoprasum* 'Forescate'). Soll der Ginster eine Trockenmauer krönen, impfen Sie die Zwischenräume der Steine mit Mauer-Zimbelkraut (*Cymbalaria muralis*) – so errötet das ganze Bauwerk.

Sorte:
- 'Albus': Blüht weiß.

Bäume – Sonnenschirme pflanzen

Mindestens einen Baum sollte es in jedem Garten geben, denn in seinem Schatten lässt sich die größte Sommerhitze gleich viel besser aushalten. Außerdem trägt so ein Stammgast im Garten anstandslos einen Vogelnistkasten an seinen Ästen.

Kugeliger Feld- und Spitz-Ahorn

Acer campestre 'Nanum', *Acer platanoides* 'Globosum'

Der Kugelige Spitz-Ahorn, kurz: Kugel-Ahorn, ist bekannt als robuster Schattenspender für kleinräumige Gartensituationen. Sein Verwandter, der Kugel-Feld-Ahorn, ist dagegen noch ein Geheimtipp. Als Bienenweide werden beide meist unterschätzt, da sie sich kein besonderes Farbspektakel leisten. Die eher unscheinbar grünlich gelben Blüten dieser Arten ziehen vor allem Wildbienen an. In den dichten Kugelkronen bleiben Vogelnester ungesehen bei guter Anbindung an Schmetterlingsraupen. Im Herbst knabbern Gimpel und andere Finken das dicke Ende der Ahornsamen.

Mein Tipp: Der Spitz-Ahorn wird mit den Jahren deutlich breiter als hoch und verliert dann seine Kugelform. Ein Schnitt ins alte Holz schadet seinem gleichmäßigen Kronenaufbau sehr und ist daher nicht empfehlenswert. Wenn Sie Bedenken wegen der Breite des Baumes haben, greifen Sie lieber zum Feld-Ahorn. Er bleibt nicht nur von Natur aus kleiner, sondern ist als erfahrene Heckenpflanze auch deutlich schnittverträglicher. Die geringeren Ausmaße gelten praktischerweise auch für den Wurzelraum!

Steckbrief

- *Stammhöhe bei beiden Sorten etwa 2 m*
- *der Feld-Ahorn wird insgesamt 5 m hoch und 2–3 m breit*
- *der Spitz-Ahorn erreicht 4–6 m Höhe und 3–5 m Breite*
- *grüngelbe Blüten im April oder Mai*
- *gelbes Herbstlaub*
- *für Sonne oder Halbschatten*
- *stellen keine Ansprüche an den Boden*

Holz-Apfel

Malus sylvestris

Dieser heimische Wildapfel war in der Jungsteinzeit weit verbreitet und seine Früchte wurden viel genutzt. Da die kleinen Äpfelchen kulinarisch nun wirklich keine Offenbarung sind, haben moderne Apfel-Züchtungen ihm den Rang abgelaufen, und nur sehr enthusiastische Gartenbesitzer werden sich für seine Früchte erwärmen. Man kann ihn aber auch einfach als pflegeleichten Blütenbaum ansehen, der keinen komplizierten Obstbaumschnitt braucht, Wildtiere mit seinen Früchten ernährt und für Honigbienen, Hummeln und andere Wildbienen ein Fest ist mit seiner reichen Blüte. Hier dürfen sich auch Frostspanner-Raupen tummeln und die Vögel mit frischgrünem Protein versorgen.

Mein Tipp: Als Herzwurzler lässt sich der Baum gut unterpflanzen. Aus seinem weitreichenden Wurzelsystem kann der Holz-Apfel aber auch Ausläufer bilden, daher ist er in einer gemischten Blütenhecke gut aufgehoben und kann genauso gut auch zur Hangbefestigung genutzt werden. Seine bedornten Äste schirmen ein Grundstück wirkungsvoll ab. Auf sehr kleinen Grundstücken ist er grenzwertig. Im Fall der Fälle muss man immer wieder vereinzelt Wurzelschösslinge ausgraben.

Steckbrief

- *3–6 m hoch, 2–4 m breit*
- *weiße Blüten mit rosa Hauch von April bis Mai*
- *kleine Äpfel, die nach Frosteinwirkung gedörrt oder gekocht genießbar sind*
- *bedornte Äste*
- *für Sonne oder Halbschatten*
- *anspruchslos, mag nährstoffreiche Böden, die kalkhaltig sein dürfen*
- *kann Wurzelschösslinge bilden*

Hänge-Birke

Betula pendula 'Youngii'

Birken mit ihrer strahlend-weißen Rinde sind wahre Lichtgestalten. Doch so sehr sie auch versuchen, in meinem Garten Fuß zu fassen, so vehement muss ich ihnen leider den Zutritt verwehren – die Wildform wird einfach zu groß. Eine der wenigen Sorten, die auch in kleine Gärten passt, ist 'Youngii'. Die Äste dieser veredelten Sand-Birke lassen sich hängen und so ist ihrem Höhenflug eine natürliche Grenze gesetzt, die Attraktivität für Tiere schmälert dies jedoch nicht: An den Blättern fressen die Larven der Birkenblattwespe, die durch ihre geselligen Ballettaufführungen für Erheiterung sorgen. Eine Vielzahl von Schmetterlingsraupen ernährt sich vom Laub, was wiederum viele Vogelarten anlockt. Auch die Samen werden von verschiedenen Vögeln verspeist, besonders gern vom Birkenzeisig. Die Hänge-Birke braucht einen freien Stand, damit ihre Wuchsform gut zur Geltung kommt.

Mein Tipp: Diese Hänge-Birke kann sogar einige Jahre im geräumigen Kübel gehalten werden und so die Terrasse beschatten.

Steckbrief

- *4–8 m hoch und ebenso breit bei 2 m Stammhöhe*
- *unscheinbare Blüte von März bis April*
- *gelbe Herbstfärbung*
- *für einen sonnigen bis halbschattigen Standort*
- *verträgt auch sandige, trockene Böden*
- *flachwurzelnd*
- *lässt sich bei Bedarf auslichten, ein Schnitt ins alte Holz sollte aber vermieden werden*

Sorte:

- 'Magical Globe': Neuheit mit kleiner Kugelkrone auf etwa 1 m hohem Stämmchen. Benötigt keinen Schnitt.

Rot-Buche

Fagus sylvatica

Ein Waldbaum im kleinen Garten? Wenn man nicht gerade eine Buchenhecke anlegt, ist das ein ziemlich größenwahnsinniges Unterfangen. Gut, dass es Sorten gibt, die nur einen Bruchteil der Größe der Wildart erreichen. Die Blüten sind zwar unscheinbar, doch das Laub wird von zahlreichen Schmetterlingen als Raupenfutter genutzt. Die Früchte sind für kleine Säugetiere und Finken eine Delikatesse. Die dichten Säulenformen der kleineren Sorten eignen sich als Brutplatz und Versteck für Gartenvögel.

Mein Tipp: Buchen sind nicht leicht zu unterpflanzen. Setzen Sie daher gleich beim Pflanzen des Baumes Buschwindröschen, Leberblümchen, Haselwurz oder Scharbockskraut mit dazu. Als Blumenzwiebeln eignen sich Schneeglöckchen, Winterling, Krokus und Blaustern. Bei einem älteren Gehölz hilft eine wenige Zentimeter dicke Schicht aus Laubhumus, in die Sie die Waldstauden setzen können. Für Blumenzwiebeln suchen Sie vorsichtig nach ausreichend großen Lücken zwischen den Wurzeln.

Steckbrief

- *Höhe und Breite sind sortenabhängig*
- *unscheinbare Blüten im Juni*
- *Bucheckern im Herbst*
- *für Sonne oder Halbschatten*
- *mag eher kalkreiche, nicht zu trockene Böden ohne Staunässe*
- *den Boden stets gut mit Kompost anreichern*
- *teilweise bleibt das Herbstlaub bis zum Frühjahr am Baum haften*

Sorten:

- 'Dawyck Gold': Säule, bis 3 m breit und 4–7 m hoch. Laubaustrieb gelblich, später vergrünend.
- 'Purpurea Pendula' (Foto): Hängeform mit violettem Laub, 2–6 m hoch und 3 m breit. Im Alter bis 10 m Höhe, aber sehr schnittverträglich.
- 'Rohan Obelisk': Säulenform mit dunklem, eingeschnittenem Laub, 3–4 m hoch.
- 'Rotundifolia': 6–12 m hoch, rundliche Blätter.

Eberesche / Vogelbeere

Sorbus aucuparia

Die Eberesche ist als Hausbaum ein echter Traumtyp. Auf schöne weiße Blüten, die besonders gern von Schwebfliegen besucht werden, folgen leuchtend rote Früchte, die Sie sogar in der Küche verwerten können – wenn die Vögel nicht schneller sind, denn ihr Beiname Vogelbeere sagt schon alles: Die Früchte gehören zum Besten, was der Herbst für gefiederte Gäste zu bieten hat. Über 60 Vogelarten mögen die Beeren, aber auch Säugetiere wie Füchse, Siebenschläfer und einige Mäuse. Das Laub ist filigran, lässt viel Licht zum Boden fallen und dient Schmetterlingsraupen als Futter. Im Herbst färben sich die Blätter noch dazu herrlich gelb bis rot. Als Herzwurzler kann der Baum gut mit Stauden und Blumenzwiebeln unterpflanzt werden.

Steckbrief

- *die Wildform wird 8–15 m hoch und 4–6 m breit*
- *weiße Blüten im Mai*
- *orangefarbene bis rote Früchte ab August*
- *schöne Herbstfärbung*
- *für Sonne oder Halbschatten*
- *bevorzugt nährstoffreiche Böden, im Allgemeinen aber sehr genügsam*
- *selbst auf Moorböden wächst sie noch*

Mein Tipp: Die Beeren der Eberesche gelten als giftig. Beim Kochen werden die unbekömmlichen Inhaltsstoffe aber zerstört, sodass Sie aus den Früchten Marmelade zubereiten können. Die Kerne werden dabei abgeseiht. Besonders süß sind die Beeren nach dem ersten Frost.

Sorten:

- 'Autumn Spire': Schmal, 3–4 m hoch und 1–2 m breit. Langsamer Wuchs. Gelbe Früchte.
- 'Edulis': 8–10 m hoch und 4–6 m breit. Die roten Beeren sind auch roh essbar.
- 'Fastigiata': Säulenform, nur bis 2 m breit (selten bis 4 m) bei 5–8 m Höhe.
- 'Sheerwater Seedling': 6–12 m hoch und 4–5 m breit. Schlanke Krone.

Gewöhnliche Esche

Fraxinus excelsior

Sie ist neben der Birke sicher der häufigste Baum, der sich über seine Flugsamen in die Gärten mogelt und überall in den Blumenbeeten auftaucht. Das freut Schmetterlinge sehr, denn zahlreiche Arten leben als Raupen an den Blättern oder in den Ästen, darunter der Eschen-Zackenrandspanner, der Ligusterschwärmer oder die Ockergelbe Escheneule, die alle noch recht häufig sind. Da die Esche ein Windbestäuber ist, ist sie für Bienen weniger interessant als für Schmetterlinge. Die Wildform wird für die meisten Gärten zu groß. Geeigneter für kleine Grundstücke sind die Zuchtformen.

Mein Tipp: Der Baum kann dem Eschentriebsterben zum Opfer fallen. Hoffnung geben neue resistente Züchtungen. Die in Österreich und der Schweiz heimische und in Deutschland eingebürgerte Blumen-Esche (*F. ornus*) mit weißen Blüten ist ein bienenfreundlicher, dürrefester kleiner Baum, der vom Eschentriebsterben nicht geschädigt wird.

Sorten:

- 'Aurea Pendula': Helles Laub und gelbe, hängende Zweige, 5–8 m hoch.
- 'Crispa': Locken-Esche mit verdrehtem Laub, nur 2–3,50 m hoch und 1–1,50 m breit.
- 'Globosa': Zwergform mit Kugelkrone.
- 'Nana': Langsam wachsende Kugelform, 4–6 m hoch und 2,50–4,50 m breit.

Steckbrief

- *die Wildform wird 20–30 m hoch und 8–12 m breit*
- *unscheinbare Blüten von April bis Mai*
- *geflügelte Nussfrüchte*
- *für Sonne oder Halbschatten*
- *mag einen humosen, nicht staunassen, aber auch nicht zu trockenen Boden*
- *Pfahlwurzel*

Steckbrief

- *die Art erreicht bis 15 m Höhe, im Alter auch 25 m*
- *Kätzchenblüten im Mai*
- *schöne Fruchtstände, Samenreife ab August*
- *gelbe Herbstfärbung*
- *für Sonne oder Halbschatten*
- *auch für trockene Böden*
- *Herzwurzler, daher leicht zu unterpflanzen*

Hainbuche

Carpinus betulus

Hainbuchen kann man in vielen Gärten finden, meist als Hecke gepflanzt, denn die Schnittfähigkeit dieses Baumes aus der Birkenverwandtschaft ist legendär. Ein weiterer Pluspunkt: Er kann nicht loslassen und behält das alte, vertrocknete Laub gern den Winter über, was ihn zu einem idealen Sichtschutz macht. Als Hausbaum eignen sich die Säulenformen sehr gut. Sie kommen ohne Formschnitt aus und bleiben trotzdem rank und schlank. Ob Hecke oder Säule – Hainbuchen sind stets ein beliebter Aufenthaltsort für Singvögel und auch als Brutrevier gefragt. Vor allem für Sperlinge sind die Gehölze Partnerschaftsbörse und Ruheplatz in einem. Etliche Schmetterlingsarten ernähren sich von den Blättern. Die kleinen Nussfrüchte dienen vielen Gartenvögeln als Snack – sie werden in der Regel bei Schnitthecken nicht ausgebildet.

Mein Tipp: Besonders hübsch sind Lerchensporne unter Hainbuchen. Der Hohle und der Gefingerte Lerchensporn bilden selbst unter Hecken dichte Teppiche, die rasch einziehen, sobald das Gehölz Laub entwickelt.

Sorten:

- 'Fastigiata Monument': Kompakte Säule, 4–6 m hoch und bis 1,50 m breit.
- 'Frans Fontaine': Säulenform von 6–10 m Höhe und 3–4 m Breite, schmale, eirunde Krone.
- 'Lukas': Veredelte Sorte, 6–10 m hoch, aber nur bis 2 m breit. Nicht für sandige oder lehmige Böden.

Felsen-Kirsche

Prunus mahaleb

Dieser auch Stein-Weichsel genannte Baum hat es gern warm und liebt die Nähe von Weinbergen oder sonnenverwöhnten Felsen, wo er sich mit seinem geringen Durst behaupten kann. Im urbanen Dschungel herrschen ganz ähnliche Bedingungen, was die Felsen-Kirsche auch für innerstädtische Gärten empfiehlt. Mit ihrer verschwenderischen weißen Blütenpracht, die kurz vor dem Laubaustrieb im April beginnt, sorgt sie für ländliches Flair und zieht Bienen an. Die essbaren, erbsengroßen Kirschfrüchte hängen an langen Stielen und reifen ab Juli. Sie sehen äußerst lecker aus, sind aber für den menschlichen Gaumen zu bitter, wie ich im Selbstversuch für Sie getestet habe. Vögel und kleine Säugetiere haben an dem Geschmack jedoch nichts auszusetzen. Das glänzende Laub kann die Raupen des wunderschönen Segelfalters ernähren.

Mein Tipp: Die Felsen-Kirsche ist schnittverträglich. Sie können Sie buschig wachsen lassen oder zum Hochstamm erziehen.

Steckbrief

- *4–6 (selten 10) m Höhe bei 2–4 m Breite*
- *duftende weiße Blüten im April oder Mai*
- *erst rote, dann schwarze Früchte, die kleinen Kirschen ähneln*
- *laubabwerfend*
- *liebt die Sonne, ist aber mit Halbschatten noch zufrieden*
- *mag einen kalkhaltigen, auch trockenen Boden; anspruchslos*
- *Tiefwurzler*

Kugelige Steppen-Kirsche

Prunus fruticosa 'Globosa'

Die Steppen-Kirsche ist von Hause aus eigentlich ein kleiner Strauch von nur einem Meter Höhe. In Gärten findet man sie aber viel häufiger eine Etage höher – wo sie auf einen Stammbildner veredelt als kompakter Hausbaum gepflanzt wird. Die Krone ist kugelig, langsam wachsend und kann bei Bedarf nach der Blüte, die im Frühjahr stattfindet und reichlich Bienen anlockt, geschnitten werden. Der Baum bildet sogar kleine Früchte aus, die von Vögeln gern genommen werden. Die dichte Kugelkrone ist außerdem ein beliebter Treffpunkt für Singvögel und ein stilles Örtchen für den Nestbau. Unter diesem Baum kann es ruhig hoch hergehen, da die Steppen-Kirsche eine Unterpflanzung mit Stauden und Frühlingsblumen toleriert.

Mein Tipp: Es dauert zwar viele Jahre, bis die Steppen-Kirsche mit ihren Wurzeln Pflastersteine hochhebt, ein Abstand von mehreren Metern zu einem Fußweg ist aber in jedem Fall ratsam, um lange Freude an diesem Hausbaum zu haben.

Steckbrief

- *Gesamthöhe 3,50 m, im Alter bis 5 m, bei 2 m Stammhöhe; 1,50–3 m breit*
- *weiße Blüten im April*
- *winzige Kirschfrüchte ab Juni, essbar*
- *kleine Blätter, schönes Herbstlaub*
- *für Sonne, lichten Schatten oder Halbschatten*
- *verträgt auch trockene Böden, die kalkhaltig sein können*

Vogel-Kirsche

Prunus avium

Die wilde Kirsche ist der Frühjahrsliebling, genauso wie die alten Sorten der Süßkirsche, die im Sommer leckere, große Früchte spendieren – auch für Amseln, Stare und andere Vögel. Auf schwachwachsende Unterlagen wie GiSeLA 5 oder Weiroot veredelte Süßkirschen passen in jeden Garten und kommen oft sogar ohne eine Befruchtersorte in der Nähe aus. Der Nachteil ist, dass so ein Kirschzwerg nicht als Schattenbaum taugt und man sich mit den Amseln schon um die unreifen Früchte streiten muss. Die lassen vor lauter Futterneid kaum eine Kirsche ausreifen. Die weiße Blüte ist auch bei den kompakten Bäumen überschwänglich und zieht Schwebfliegen, Bienen und Schmetterlinge an.

Mein Tipp: Es sieht zwar aus, als wäre die Kirsche in die Bernstein-Produktion eingestiegen, doch Gummifluss kann mit der richtigen Standortwahl vermieden werden: Der Boden sollte nicht zu feucht oder gar staunass sein. Beim Rückschnitt im Sommer heilen Wunden besser und lassen Erreger außen vor.

Steckbrief

- *die Wildform wird 15–20 m hoch und 10–15 m breit*
- *weiße, duftende Blüten von April bis Mai*
- *schwarzrote essbare Früchte*
- *für Sonne oder Halbschatten*
- *für einen lehmigen, nährstoffreichen Boden, der kalkhaltig sein sollte*
- *schöne Herbstfärbung*

Sorten:

- ‘Celeste’: 2–2,50 m hoch und breit, selbstfruchtbar.
- ‘Lapins’: 3–6 m hoch, 2,50–3,50 m breit, selbstfruchtbar.
- ‘Stella Compact’: Zwergwüchsig, nur 2 m hoch, selbstfruchtbar.

Winter-Linde

Tilia cordata

Lindenblütenduft gehört mit zum Besten, was der Juni zu bieten hat. Dann umhüllt sich der ganze Baum weithin wahrnehmbar mit einem unvergleichlichen Aroma und zieht Hummeln und Bienen massenweise an. Möchte man im eigenen Garten auch so eine Duftwolke um sich haben, braucht es normalerweise eine hochherrschaftliche Parkanlage. Dies ist nicht nötig mit kleinbleibenden Sorten, die es auch in Gärten von bescheideneren Ausmaßen erlauben, im Sommer unterm Lindenbaum zu sitzen. Die hübschen, harmlosen Feuerwanzen lieben die Bäume auch sehr und saugen an den Samen. Die Raupen einiger Schmetterlingsarten ernähren sich von den Blättern.

Mein Tipp: Falls Ihnen auch die kleinste Lindensorte irgendwann über den Kopf wächst, können Sie den Baum durch Schnitt kleiner halten. Nicht ohne Grund mussten diese Gehölze seit Jahrhunderten für den Formschnitt herhalten – sie treiben stets willig wieder aus.

Sorten für kleine Gärten:

- 'Green Globe': Kugelbaum, 6 m hoch, Stammhöhe dabei meist 2 m.
- 'Lico': Sehr kleiner Baum mit kugelförmiger Krone, meist unter 6 m bleibend. Grüngelbe Zweige.
- 'Monto': Sehr ähnlich 'Lico', aber braune Zweige.
- 'Rancho': 8–12 m hoch und 4–6 m breit. Schmale, kegelförmige Krone.

Steckbrief

- *Höhe und Breite sind sortenabhängig*
- *Blüte im Juni, unscheinbar, aber duftend*
- *gelbes Laub im Herbst*
- *für Sonne oder Halbschatten*
- *stellt keine Ansprüche an den Boden, trockenheitsverträglich*

Gewöhnliche Mehlbeere

Sorbus aria

Die Mehlbeere ist ein kleiner, gemächlich wachsender Baum, der Gärtner wie Gartentiere gleichermaßen erfreut: Auf eine üppige Blüte, die Bienen und Schwebfliegen anlockt, folgen reichlich rotorangefarbene Beeren, die für Vögel eine wertvolle Nahrung darstellen und lange am Baum hängen, damit auch Wintergäste wie Rot- und Wacholderdrosseln etwas davon haben. Die leuchtende Herbstfärbung ist eine weitere Attraktion. Mehlbeeren sind gute Straßenbäume und vertragen daher auch einen Platz in gepflasterten Innenhöfen. Im Blumenbeet lassen sie sich mit Stauden unterpflanzen.

Mein Tipp: Die Beeren machen sich in der Küche nützlich. Sie können sie nach dem ersten Frost zu Marmelade verarbeiten oder in Chutneys geben.

Steckbrief

- *die Wildart erreicht 8–10 m Höhe und 4–7 m Breite*
- *weiße Blüten im Mai*
- *rötliche Beeren – essbar, aber fade*
- *gelbes Herbstlaub*
- *für Sonne oder Halbschatten*
- *mag einen nährstoffreichen Boden ohne Staunässe*
- *einmal eingewachsen sehr trockenheitsverträglich*
- *außerordentlich windfest*

Sorten:

- 'Lutescens': 6–10 m hoch und 4–6 m breit. Runde, kompakte Krone.
- 'Magnifica': 6–12 m hoch und 4–6 m breit. Zunächst schmal kegelförmig wachsend, später breiter.
- 'Majestica': 6–12 m hoch und bis 6 m breit. Dichte, pyramidale Kronenform.

Echte Mispel

Mespilus germanica

In Mitteleuropa ist die Art schon seit dem Mittelalter als Obst in Kultur, aber heutzutage etwas in Vergessenheit geraten – dabei ist die Echte Mispel ein wunderschön geformter Baum, der gut in kleine Gärten passt. Sie erfreut mit mehreren Höhepunkten im Jahr: angefangen bei der Blüte, die Bienen anzieht, bis hin zu den bizarren braunen Früchten und der schönen Herbstfärbung. Im Winter schließlich sieht man, was für ein Charakterkopf die Mispel ist – die knorrige Wuchsform lässt sich am besten in Einzelstellung bewundern. Die Früchte bleiben lange und dekorativ am Baum hängen. Sie können sie nach Frosteinwirkung oder Lagerung zu Kompott verarbeiten. Vögel, vor allem Drosseln, sowie kleine Säugetiere verspeisen sie ebenfalls gern.

Mein Tipp: Echte Mispeln sind etwas kälteempfindlich. Greifen Sie in höheren Lagen lieber zur Wildart als zu veredelten Sorten, denn diese sind weniger robust.

Sorten:

- 'Nottingham': Sehr großfrüchtig, bis 6 m hoch.
- 'Westerveld': Mittelgroße Früchte. Wird bis 6 m hoch, aber bleibt mit 2–3,50 m schmaler als die Wildform.

Steckbrief

- *3–5 m hoch und ebenso breit*
- *weiße Blüten im Mai und Juni, mitunter bereits im April*
- *braune, hagebuttenähnliche Früchte, essbar*
- *laubabwerfend mit gelb-rötlicher Herbstfärbung*
- *für Sonne oder Halbschatten*
- *mag einen nährstoffreichen, kalkhaltigen Boden*
- *selbstfruchtend, kein weiterer Baum als Bestäuber notwendig*
- *die Äste der Wildform können Dornen tragen*
- *als Tiefwurzler leicht zu unterpflanzen*

Heide-Wacholder

Juniperus communis

Sind Sie der Thuja überdrüssig und suchen ein passendes Double? Der Heide- oder auch Gemeine Wacholder ist so ein Doppelgänger: trockenheitsverträglich, immergrün und als Bonus bietet er würzende Früchte. Der Tausendsassa möchte als Solitär in der Sonne stehen, denn in eine Hecke quetschen lässt er sich nicht. Einen Schnitt ins alte Holz mag er ebenfalls nicht. Dafür verträgt er aber trockene, magere Böden, perfekt für einen Dürre-Sommer also. Unterpflanzen muss man das Gehölz nicht traditionell mit Heidekraut, auch im Staudenbeet kombiniert mit trockenheitsverträglichen Pflanzen macht er eine gute, immer aufrechte Figur. Vögel, zum Beispiel Amseln, fressen die Früchte; auch als Brutplatz eignet sich das dichte Gehölz, besonders Grünfinken brüten hier gern.

Mein Tipp: Die Art ist kein Zwischenwirt des Birnengitterrosts. Sie können also ruhig einen Birnbaum in den Garten pflanzen – falls er orangefarbene Pusteln entwickelt, ist Ihr Wacholder das Unschuldslamm.

Sorten:

- 'Compressa': Schwach wachsend, bis 1 m hoch, säulenförmig.
- 'Gold Cone': Sehr schlank, bis 3 m hoch, gelbgrüne Nadeln.
- 'Hibernica': Irischer Säulen-Wacholder, 3–5 m hoch.
- 'Meyer' (Bild): Locker wachsend, dabei schlank, 3–5 m hoch, 1–2 m breit.

Steckbrief

- *5–8 m hoch, 1–2 m breit*
- *unscheinbare Blüten im Juni*
- *kugelige blaue Beerenzapfen, als Gewürz nutzbar*
- *für Sonne oder Halbschatten*
- *anpassungsfähig, mag saure, magere, sandige Böden genauso wie lehmige, kalkhaltige*
- *immergrün*

Service

Wenn Ihnen der Wind keine Leimkrautsamen über den Zaun weht und die Rotkehlchen kein Pfaffenhütchen in Ihren Garten säen, dann finden Sie hier Adressen empfehlenswerter Baumschulen und Staudengärtnereien, dazu gibt es Buchtipps zum Vertiefen.

Heimische Pflanzen für (fast) jeden Zweck

Immergrüne heimische Gehölze

Singvögel nisten besonders im Frühjahr gern in immergrünen Gehölzen. Hier finden Sie heimische Alternativen zur Thujahecke, die sogar Früchte für Vögel bilden. Beachten Sie, dass der Heide-Wacholder und die Wald-Kiefer einen sonnigen Stand brauchen.

Deutscher Name	Botanischer Name	Sorte	Höhe	Breite
Strauch-Efeu	*Hedera helix*	'Arborescens'	1,50–2 m	1,50–2 m
Gewöhnliche Eibe	*Taxus baccata*	'Aurea'	4 m	1 m
		'Fastigiata'	4–7 m	1,50–2 m
		'Fastigiata Aureo-marginata'	3–5 m	1–2,50 m
		'Fastigiata Robusta'	2,50 m	0,50 m
Wald-Kiefer	*Pinus sylvestris*	'Fastigiata'	8–10 m	1,50 m
Gewöhnlicher Liguster	*Ligustrum vulgare*	'Atrovirens'	3–4 m	3–4 m
Gewöhnliche Stechpalme	*Ilex aquifolium*	'J. C. van Tol'	6–8 m	2–4 m
		'Pyramidalis Aurea Marginata'	2–5 m	2–5 m
Heide-Wacholder	*Juniperus communis*	'Bruns'	3–5 m	1–1,50 m
		'Hibernica'	3–5 m	1–1,50 m
		'Rakete'	2 m	0,50 m
		'Suecica'	3–5 m	1–1,50 m
		'Suecica Nana'	1,50 m	0,30 m

Geheimtipp: Eine nicht wuchernde Pollenquelle für die Hahnenfuß-Scherenbiene (*Chelostoma florisomne*) ist der Wollige Hahnenfuß (*Ranunculus lanuginosus*). Er verträgt Halbschatten bis lichten Schatten.

Heimische Pflanzen für spezialisierte Wildbienen

Deutscher Name	Botanischer Name	Besonderheiten	Bienenart
Skabiosen-Flockenblume	*Centaurea scabiosa*	Staude für trockene, magere Sonnenplätze	Distel-Wollbiene (*Anthidium nanum*)
Gewöhnlicher Gilbweiderich	*Lysimachia vulgaris*	Staude für feuchtere Böden	Schenkelbienen (*Macropis*)
Glockenblume	*Campanula* spec.	Viele heimische Stauden für verschiedene Lebensbereiche	Glockenblumen-Sägehornbiene (*Melitta haemorrhoidalis*), Glockenblumen-Scherenbiene (*Osmia rapunculi*)
Kugel-Lauch	*Allium sphaerocephalon*	Heimische Art für sonnige Plätze	Lauch-Maskenbiene (*Hylaeus punctulatissimus*)
Gewöhnlicher Natternkopf	*Echium vulgare*	Zweijährige für magere Böden in voller Sonne	Glänzende Natternkopf-Mauerbiene (*Osmia adunca*)
Resede	*Reseda* spec.	Ein- oder zweijährige Arten	Reseden-Maskenbiene (*Hylaeus signatus*)
Sal-Weide	*Salix caprea*	Schnittfähiger Strauch, auch veredelt als Hängeform	Weiden-Sandbiene (*Andrena vaga*)
Wiesen-Witwenblume	*Knautia arvensis*	Staude für nährstoffreiche Plätze	Knautien-Sandbiene (*Andrena hattorfiana*)
Zaunrübe	*Bryonia*	Heimische kletternde Staude, sät sich stark aus	Zaunrüben-Sandbiene (*Andrena florea*)

Besonders trockenheitsverträgliche Stauden und Zweijährige

Deutscher Name	Botanischer Name	Anmerkungen	Blütezeit
Kleinblütige Bergminze	*Clinopodium nepeta*	Sät sich aus, mag Sonne	VII–IX
Gewöhnlicher Dost	*Origanum vulgare*	Sät sich aus, für Sonne bis lichten Schatten	VII–IX
Rispen-Flockenblume	*Centaurea stoebe*	Für trockene, magere Plätze in der Sonne	VII–IX
Pfirsichblättrige Glockenblume	*Campanula persicifolia*	Vermehrt sich über kurze Ausläufer und Samen	VI–VII
Astlose Graslilie	*Anthericum liliago*	Lilienartige weiße Blüten, für Sonne	V–VI
Färber-Hundskamille	*Anthemis tinctoria*	Für Sonne, kurzlebig, sät sich selbst aus	VI–IX
Königskerze	*Verbascum*	Einige Arten, zweijährig	VI–IX
Gewöhnliche Kuhschelle	*Pulsatilla vulgaris*	Zierende Samenstände, Frühblüher	III–IV
Kugel-Lauch	*Allium sphaerocephalon*	Schlank, spätblühend	VII
Taubenkropf-Leimkraut	*Silene vulgaris*	Lange Blütezeit, für Sonne bis Halbschatten	V–IX
Moschus-Malve	*Malva moschata*	Mag Sonne, sät sich aus	VI–IX
Feld-Mannstreu	*Eryngium campestre*	Für sonnige, magere Böden	VII–IX
Flachblättriger Mannstreu	*Eryngium planum*	Für sonnige, magere Böden	VII–VIII
Wilde Möhre	*Daucus carota*	Sorte 'Dara' mit rötlichen Blüten	VI–X
Gewöhnlicher Natternkopf	*Echium vulgare*	Zweijährige, für einen mageren Boden in der Sonne	VI–IX
Kartäuser-Nelke	*Dianthus carthusianorum*	Lila Blüten, grasartiges Laub, für Sonne	VI–IX
Stinkende Nieswurz	*Helleborus foetidus*	Immergrün, für Schatten unter Laubgehölzen	III–IV
Wiesen-Schafgarbe	*Achillea millefolium*	Viele Farben von Weiß bis Rot	VI–VIII
Purpurblauer Steinsame	*Lithospermum purpurocaeruleum*	Für Sonne bis Halbschatten	IV–VI
Wegwarte	*Cichorium intybus*	Blaue Blüten, Sonne bis Halbschatten	VII–X
Zypressen-Wolfsmilch	*Euphorbia cyparissias*	Sorte 'Fens Ruby' mit rotem Austrieb im Frühjahr	IV–VI
Aufrechter Ziest	*Stachys recta*	Für Sonne und magere Böden	VI–IX
Deutscher Ziest	*Stachys germanica*	Wollige Blätter, liebt Sonne	VI–IX

Stauden für Teichränder oder wechselfeuchte Standorte

Deutscher Name	Botanischer Name	Besonderheiten	Blütezeit
Gewöhnlicher Gilbweiderich	*Lysimachia vulgaris*	Gelbe Blüten, bildet Ausläufer	VI–VIII
Scharfer Hahnenfuß	*Ranunculs acris*	Gelbe Blüten, auch für Wiesen	V–IX
Wiesen-Knöterich	*Bistorta officinalis*	Rosa Blüten	VI–VII (IX)
Kuckucks-Lichtnelke	*Silene flos-cuculi*	Auch für feuchte Blumenwiesen	V–VII
Echtes Mädesüß	*Filipendula ulmaria*	Weiße Blüten, sät sich aus	VI–VIII
Bach-Nelkenwurz	*Geum rivale*	Bei Hummeln beliebt	IV–VII
Sumpf-Schafgarbe	*Achillea ptarmica*	Weiße Blüten	VII–X
Gewöhnlicher Teufelsabbiss	*Succisa pratensis*	Kugelige lila Blüten	VII–IX
Blut-Weiderich	*Lythrum salicaria*	Futterpflanze des Garten-Bläulings	VII–IX
Großer Wiesenknopf	*Sanguisorba officinalis*	Weinrote, kugelige Blüten	VI–VIII

Eine extravagante kleine Kletterpflanze für feuchte Standorte: Der Bittersüße Nachtschatten (*Solanum dulcamara*). Achtung: Die Beeren sind giftig!

Heimische Pflanzen für schattige Plätze, zum Beispiel unter sommergrünen Bäumen

Deutscher Name	Botanischer Name	Anmerkungen	Blütezeit
Bärlauch	*Allium ursinum*	Essbar, zieht nach der Samenbildung ein	IV–VI
Buschwindröschen	*Anemone nemorosa*	Weiße Blüten, zieht nach der Samenbildung ein	III–IV
Efeu	*Hedera helix*	Späte Blüten, klettert, immergrün	IX-XI
Wald-Geißbart	*Aruncus dioicus*	Große Staude mit weißen Blüten	VI–VII
Schneeweiße Hainsimse	*Luzula nivea*	Weiße Blüten	VI–VII
Gewöhnliche Haselwurz	*Asarum europaeum*	Wintergrün, Bodendecker	III–IV
Immenblatt	*Melittis melissophyllum*	Große, rosa Blüten	V–VI
Alpen-Johannisbeere	*Ribes alpinum*	Unscheinbare Blüten, rote Beeren	IV–V
Leberblümchen	*Hepatica nobilis*	Blaue Blüten, verträgt keine Verschattung durch andere Stauden	III–IV
Gefingerter Lerchensporn	*Corydalis solida*	Ähnlich *C. cava*	III–IV
Hohler Lerchensporn	*Corydalis cava*	Zieht nach der Samenbildung ein, weiße oder lilafarbene Blüten	III–IV
Echtes Lungenkraut	*Pulmonaria officinalis*	Blattschmuckstaude, attraktiv für Pelzbienen	III–V
Frühlings-Platterbse	*Lathyrus vernus*	Blüten verfärben sich von rötlich nach blau	IV–V
Salomonssiegel	*Polygonatum odoratum*	Weiße Blüten, schwarze Beeren	V–VI
Gewöhnlicher Seidelbast	*Daphne mezereum*	Rosa Blüten, rote Beeren	III–IV
Ausdauerndes Silberblatt	*Lunaria rediviva*	Für frische Böden	V–VI
Knotiger Storchschnabel	*Geranium nodosum*	Lange Blütezeit, glänzende Blätter	V–X
Gefleckte Taubnessel	*Lamium maculatum*	Viele Blattschmucksorten	V–VI
Fieder-Zahnwurz	*Cardamine heptaphylla*	Rosa Blüten, langlebig	IV–VII
Zwiebel-Zahnwurz	*Cardamine bulbifera*	Rosa Blüten, bildet Brutzwiebeln	IV–VI

Zum Weiterlesen

Aufderheide, Ulrike: Der sanfte Schnitt: Schonend schneiden im Naturgarten. Obstbäume, Rosen, Wildgehölze und mehr. Verlag Pala 2018

Boomgaarden, Heike, Oftring, Bärbel, Ollig, Werner: Naturgarten ganz einfach: 35 Ideen für nachhaltiges Gärtnern. Verlag Eugen Ulmer 2022

Gastl, Markus: Ideenbuch Nützlingshotels. Verlag Eugen Ulmer, 2. Auflage 2022

Gastl, Markus: Permakultur und Naturgarten: Nachhaltig gärtnern mit dem Drei-Zonen-Modell. Verlag Eugen Ulmer, 2. Auflage 2021

Heidenreich, Wolfgang, Krause, Antje: Begrünen was geht. Kleine und große Pflanzideen für Wände, Zäune, Dächer und graue Ecken: Verlag Eugen Ulmer 2022

Reif, Jonas, Kress, Christian: Blackbox-Gardening: Mit versamenden Pflanzen Gärten gestalten, Verlag Eugen Ulmer 2014

Schwarzer, Elke: Mein Bienengarten. Bunte Bienenweiden für Hummeln, Honig- und Wildbienen. Verlag Eugen Ulmer, 2. Auflage 2020

Schwarzer, Elke: Mein Schmetterlingsgarten. Schöne Pflanzen für Falter und Raupe. Verlag Eugen Ulmer 2019

Schwarzer, Elke: Meise mag Melisse. Mit den richtigen Pflanzen Lebensräume schaffen für Insekten, Vögel & Co. Verlag Eugen Ulmer 2020

Settele, Josef und andere: Schmetterlinge: Die Tagfalter Deutschlands. Verlag Eugen Ulmer, 3. Auflage 2015

Spohn, Roland, Spohn, Margit: Bäume und ihre Bewohner: Der Naturführer zum reichen Leben an Bäumen und Sträuchern. Haupt-Verlag, 2. Auflage 2020

Spohn, Roland, Spohn, Margit: Blumen und ihre Bewohner: Der Naturführer zum reichen Leben an Garten- und Wildpflanzen. Haupt-Verlag, 2. Auflage 2020

Steiger, Peter: Heimische Wildstauden im Garten: Attraktiv und naturnah gestalten. Verlag Eugen Ulmer 2020

Tinz, Sigrid: Ideenbuch Vogelhäuschen: Stilvolle Nistkästen, Futterhäuser, Tränken. Verlag Eugen Ulmer 2014

Von Orlow, Melanie: Ideenbuch Insektenhotels: 30 Nisthilfen einfach selbst gebaut. Verlag Eugen Ulmer, 2. Auflage 2020

Von Orlow, Melanie: Mein Insektenhotel: Wildbienen, Hummeln & Co. im Garten. Verlag Eugen Ulmer, 3. Auflage 2020

Westrich, Paul: Die Wildbienen Deutschlands. Verlag Eugen Ulmer, 2. Auflage 2019

Witt, Reinhard: Natur für jeden Garten. 10 Schritte zum Natur-Erlebnis-Garten. Das Einsteigerbuch. Verlag Naturgarten, 3. Auflage 2018

Bezugsquellen

Foerster Stauden
Am Raubfang 6
14469 Potsdam-Bornim
www.foerster-stauden.de

Templiner Kräutergarten
Elsternest 1
17268 Templin
www.templiner-kraeutergarten.de

Baumschule Lorenz von Ehren
Maldfeldstraße 4
21077 Hamburg
www.lve-baumschule.de

Baumschule Horstmann
Bergstraße 5
25582 Hohenaspe
www.baumschule-horstmann.de

Eggert Pflanzenhandel
Baumschulenweg 2
25594 Vaale
www.eggert-baumschulen.de

Pflanzenhof Schachtschneider
Iserloyer Straße 2
27801 Dötlingen-Aschenstedt
www.schachtschneider.com

Jelitto Staudensamen
Am Toggraben 3
29690 Schwarmstedt
www.jelitto.com

Baumschule Upmann
Mönchsweg 3
33803 Steinhagen/Ströhn
www.baumschule-upmann.de

Stauden Stade
Beckenstrang 24
46325 Borken-Marbeck
www.stauden-stade.de

Gärtnerei Strickler
Lochgasse 1
55232 Alzey-Heimersheim
www.gaertnerei-strickler.de

Rosenhof Schultheis
Bad Nauheimer Straße 3
61231 Bad Nauheim
www.rosenhof-schultheis.de

Sarastro-Stauden
4974 Ort im Innkreis 131
Österreich
www.sarastro-stauden.com

Staudengartnerei Gaissmayer
Jungviehweide 3
89257 Illertissen
www.gaissmayer.de

Nachgeschlagen

Bildquellen

Fotos: Alle Fotos stammen von Elke Schwarzer.
Die Bauanleitung auf Seite 16 stammt aus dem Ideenbuch Vogelhäuschen von Sigrid Tinz.
Die Grafiken auf dem Umschlag stammen von Malashkos / Shutterstock.com.

Impressum

Anmerkung zur Schreibweise (Gendering):
Gendergerechtigkeit und Inklusion sind bei uns gelebte Praxis - bei der Auswahl unserer Themen, bei der Recherchearbeit, in der Gestaltung. Unsere Texte meinen alle. Damit unsere Inhalte jedoch gut lesbar bleiben, verzichten wir in diesem Werk auf die jeweilige Mehrfachnennung oder Anpassung der Schreibweise bestimmter Bezeichnungen an die weibliche, männliche oder diverse Form.

Bibliografische Information der Deutschen Nationalbibliothek
Die Deutsche Nationalbibliothek verzeichnet diese Publikation in der Deutschen Nationalbibliografie; detaillierte bibliografische Daten sind im Internet über http://dnb.d-nb.de abrufbar.

Wollgrasweg 41, 70599 Stuttgart (Hohenheim)
E-Mail: info@ulmer.de
Internet: www.ulmer.de
Projektleitung: Doris Kowalzik
Lektorat: Antje Krause
Herstellung: Judith Schumann
Umschlaggestaltung: red.sign, Stuttgart
Satz: red.sign, Stuttgart
Reproduktion: time:ray, Jettingen
Druck und Bindung: Pustet, Regensburg
Printed in Germany

ISBN 978-3-8186-1365-5

FSC www.fsc.org MIX Papier | Fördert gute Waldnutzung FSC® C014889

Hier können Sie weiterlesen...

Mein Bienengarten
144 Seiten, 130 Farbfotos
ISBN 978-3-8186-0948-1

Meise mag Melisse
128 Seiten, 110 Farbfotos
ISBN 978-3-8186-2483-5

Richtig gute Pflanzen für Insekten
144 Seiten, 134 Farbfotos
ISBN 978-3-8186-2390-6

Der Giersch muss weg!
128 Seiten, 98 Farbfotos
ISBN 978-3-8186-0647-3

Das kleine Unkraut-Kochbuch
128 Seiten, 104 Farbfotos
ISBN 978-3-8186-1273-3

Mein Schmetterlingsgarten
128 Seiten, 111 Farbfotos
ISBN 978-3-8186-1634-2

Mehr Inspiration gefällig? Dann gehen Sie auf Entdeckungstour!
Über 1.600 Bücher sind über den Buchhandel oder portofrei unter www.ulmer.de erhältlich.